ブレッドスティック、プレッツェル、ツイストの芸術

100 の魅力的な風味豊かで甘いレシピでパン作りの創造性を解き放ちましょう

洋介 山本

目次

4

導入

スティックブレッド、プレッツェル、ツイストの世界へようこそ。生地のような作品がサクサク、噛みごたえのある、とてもおいしいおやつに変身する楽しい世界です。この料理本では、あなたの食欲と冒険心の両方を満たす料理の旅にあなたを誘います。あなたがベテランのパン屋であろうと、キッチンの初心者であろうと、これらのレシピは、家族、友人、さらにはあなた自身を感動させる魅力的なスナックや前菜を作る技術を習得するのに役立ちます。

これらのページには、古典的なものから独創的なものまで幅広いレシピが掲載されています。香りのよいハーブをまぶした伝統的なブレッドスティックから、ピリッとしたマスタードに浸した柔らかいプレッツェル、甘いシナモンのひねりからチーズの詰め物まで、この料理本にはあらゆる味覚を満足させるものが揃っています。私たちは、ベーキングの取り組みを大成功に導くための役立つヒントやテクニックを添えた、分かりやすいレシピを慎重に厳選しました。

エプロンを結び、手に小麦粉をまぶし、キッチンを魅惑的な香りで満たし、味覚を純粋な喜びで満たす料理の冒険に乗り出す準備をしましょう。旅を始めましょう！

ブレッドスティック

1.パリトス・デ・パン

材料:
- 中力粉 2 カップ
- 塩 小さじ 1
- 砂糖 小さじ 1
- 活性ドライイースト 小さじ 2 1/4
- ぬるま湯 2/3 カップ
- オリーブオイル 大さじ 2
- オプションのトッピング: ゴマ、ケシの実、すりおろしたパルメザンチーズなど。

説明書:
a) 小さなボウルに砂糖を入れ、温水に溶かします。イーストを水の上に振りかけ、泡立つまで約 5 分間放置します。

b) ミキシングボウルに中力粉と塩を入れて混ぜます。中央にくぼみを作り、イースト混合物とオリーブオイルを注ぎます。

c) 生地が形成されるまで材料を混ぜ合わせます。生地を打ち粉をした台に移し、滑らかで弾力のある状態になるまで約 5〜10 分間こねます。くっつかないように必要に応じて小麦粉を追加します。

d) 油を塗ったボウルに生地を入れ、清潔なキッチンタオルで覆い、暖かい場所で約 1 時間、または 2 倍の大きさになるまで発酵させます。

e) オーブンを 200℃ (400°F)に予熱し、ベーキングシートにクッキングシートを敷きます。

f) 生地をパンチして気泡を抜きます。生地を小さな部分に分割し、各部分を、厚さ約 1/2 インチ、長さ 6〜8 インチの細い棒状の形に丸めます。

g) 用意しておいたベーキングシートの上にスティック状のブレッドを置き、間に隙間をあけます。必要に応じて、ゴマ、ケシの実、またはすりおろしたパルメザンチーズなどのオプションのトッピングをブレッドスティックの上に振りかけます。

h) 予熱したオーブンでスティックブレッドを約 12〜15 分間、または黄金色でカリカリになるまで焼きます。

i) オーブンからブレッドスティックを取り出し、食べる前にワイヤーラックの上で冷まします。

2.グリッシーニ アレ エルベ

材料：
- フランスパン 1 斤 (8 オンス)
- オリーブオイル 大さじ 1
- ニンニク 1 片 (半分に切る)
- 乾燥オレガノ 小さじ 3/4
- 乾燥バジル 小さじ 3/4
- 塩 小さじ 1/8

説明書：
a) 食パンを横半分に切り、さらに横半分に切ります。
b) パンの切り口に油を均等に塗ります。ニンニクでこすります。パンにオレガノ、バジル、塩を振りかける。食パン 1 枚を縦に 3 本の棒状に切ります。
c) ベーキングシートの上にスティックブレッドを置きます。300 度で 25 分間、またはカリカリになるまで焼きます。

3.アスパラガスのブレッドスティック

材料：
- パン生地 2 個
- 卵白 大 1 個
- すりおろしたパルメザンチーズ 1/4 カップ
- 乾燥タラゴンの葉 小さじ 1
- 乾燥ディルウィード 小さじ 1

説明書：
a) 小麦粉をまぶした台にパンを置き、各パンを軽く叩いて 5×10 インチの長方形にします。ラップで軽く覆い、膨らむまで 45 分から 1 時間発酵させます。

b) それぞれのパンを横に 9 等分に切ります。

c) 各部分の端を持ち上げ、油を塗った 12×15 インチのベーキングシートの長さまで伸ばし、型に置きます。生地がパチンと戻った場合は、数分間休ませてから、もう一度伸ばします。

d) 約 1.5 インチ間隔で各スティックを作成することを繰り返します。

e) 45 フィートの角度のハサミで生地を切り、各スティックの一方の端の約 4 インチに沿って約 1/2 インチの間隔で切り込みを入れます。

4.グリッシーニ

材料：
- 強力粉 2 カップ
- 塩 小さじ 1
- 砂糖 小さじ 1
- オリーブオイル 大さじ 1
- 温水 ¾ カップ
- オプション: ふりかけるためのゴマまたはケシの実

説明書：
a) ボウルに強力粉、塩、砂糖を入れて混ぜ合わせます。成分が均一に行き渡るようによく混ぜます。
b) 乾燥材料の中央にくぼみを作り、オリーブオイルと温水を注ぎます。
c) 混合物がまとまって生地が形成されるまで、木のスプーンまたは手で混合物をかき混ぜます。
d) 生地を打ち粉をした台に移し、滑らかで弾力のある状態になるまで約 5〜7 分間こねます。
e) 生地を小さな部分に分割します。一度に 1 つずつ取り出し、直径約 1/4 インチの細いロープのような形に伸ばします。
f) 伸ばした生地を長さ 8〜10 インチの棒状に切ります。好みに応じて短くしたり長くしたりできます。
g) クッキングシートを敷いた天板にグリッシーニスティックを置きます。スティックが拡張できるように、スティックの間にある程度のスペースを残します。
h) お好みに応じて、グリッシーニスティックにオリーブオイルを塗り、ゴマやケシの実を上に振りかけると、風味と食感が増します。
i) オーブンを 400°F (200°C) に予熱します。
j) グリッシーニスティックを 15〜20 分間休ませて発酵させます。
k) グリッシーニを予熱したオーブンで約 15〜20 分間、または黄金色でカリカリになるまで焼きます。

l)　焼き上がったら、グリッシーニをオーブンから取り出し、ワイヤーラックの上で冷まします。

5.タラーリ

材料：
- 中力粉 4 カップ
- 塩 小さじ 2
- 砂糖 小さじ 2
- ベーキングパウダー 小さじ 2
- 白ワイン 120ml（1/2 カップ）
- エクストラバージンオリーブオイル 120ml（1/2 カップ）
- 水（必要に応じて）
- オプションの香料: フェンネルシード、黒コショウ、チリフレークなど。

説明書：
a) 大きなミキシングボウルに小麦粉、塩、砂糖、ベーキングパウダーを入れて混ぜます。よく混ぜます。

b) 乾燥材料に白ワインとオリーブオイルを加えます。材料が混ざり始めるまで混ぜます。

c) 水を少しずつ加えながら手でこね、滑らかで少し固い生地にします。必要な水の量は環境の湿度によって異なります。

d) 必要に応じて、フェンネルシード、黒コショウ、チリフレークなどの香味料を生地に加えます。生地をさらに数回こねて、風味を均一に分散させます。

e) 生地を小さな部分に分割し、各部分を直径約 1 cm (0.4 インチ) の細いロープ状に丸めます。

f) ロープを長さ約 7 ～ 10 cm (2.8 ～ 4 インチ) の小さな断片に切ります。

g) それぞれの部分を取り出し、端をつなぎ合わせてリングの形を作ります。

h) オーブンを 180°C (350°F)に予熱します。

i) 大きな鍋に水を沸騰させます。沸騰したお湯に一掴みの塩を加えます。

j) 一度に数個のタラーリを慎重に沸騰したお湯に落とし、約 1 ～ 2 分間、または表面に浮くまで調理します。

k) 穴あきスプーンまたはスキマーを使用して、茹でたタラリを水から取り出し、クッキングシートを敷いた天板に移します。

l) タラリを予熱したオーブンに入れ、約 25～30 分間、または黄金色になりカリカリになるまで焼きます。

m) タラリをオーブンから取り出し、完全に冷ましてからお召し上がりください。

6.フェラーレーゼのパン

材料：
- 小麦粉 00 500g
- 水 175g
- ラード 30g
- マザーイースト 50g
- 塩 9g
- モルト 5g
- エキストラバージンオリーブオイル 20g

説明書：
a) ボウルに水、麦芽を入れてマザーイーストを溶かし、小麦粉を加えて全体が混ざるまで混ぜます。ラードを入れてよく吸収させ、生地が完成したら、油と塩を加えて滑らかで均一な塊を形成するようにこねます。生地を 95〜100 g の 8 つのパンに分割し、約 195〜200 g のフェラーラペアを 4 つ作ります。

b) 各ブロックを麺棒またはパスタマシンで 1.2cm の厚さになるまで動かします。

c) 次に、各パンを巻き上げます。片手で端を持ち、もう一方の手で巻き上げたり広げたりを開始し、ゆっくりとパンの端近くまで移動し、別のパンでもこの操作を繰り返します。

d) この時点で、それらを結合してカップルを形成し（中心を押す必要があります）、暖かい場所のベーキングトレイに置き、90〜120 分間発酵させます。

e) オーブンを 200℃に予熱し、18〜20 分焼きます。

7.コッピアフェラレーゼ 蜂蜜添え

材料：
パン種の場合：
● 中力粉 200g
● オリーブオイル 小さじ 1
● 蜂蜜 小さじ 1
● ぬるま湯
● 生地の場合：
● 小麦粉 1kg（タイプ 0）
● 水 350ml
● 豚脂 60 グラム
● エクストラバージンオリーブオイル 40ml
● パン種 100g
● 塩 小さじ 1
● 大麦麦芽 大さじ 1

説明書：
発酵種：
a) 小麦粉 200g をボウルに入れます。
b) 小麦粉にぬるま湯、油小さじ 1、蜂蜜小さじ 1 を加えます。
c) ダマのない滑らかな混合物が形成されるまで混合します。
d) 小麦粉混合物をボールの形に成形します。
e) 小麦粉ボールをボウルに入れます。
f) ボウルを湿らせたキッチンタオルで覆います。
g) 小麦粉を 48 時間寝かせて発酵させます。
h) 小さじ数杯のぬるま湯を加えてもう一度こね、もう一度濡れたキッチンタオルをかぶせます。
i) パン種は毎週取り替える必要があります。
パンの場合：
j) 生地のすべての材料を強力ミキサーに入れます。
k) ミキサーのスイッチを入れて 15～20 分ほど捏ねます。
l) 生地を作業台または平らな場所に移します。

m) 生地を直径 5cm くらいのボール状に切り分けます。

n) 手動で成形するには、打ち粉をした表面で各ボールを長さ約 30 cm のストリップに伸ばします。

o) シュトルーデルと同じように手のひらで生地を押しながら、円錐形の角に丸めます。

p) このようなロールのカップルを一緒に編んで、カップルの特徴的な形状 (中央に織り込まれた 4 つの円錐形の角) を取得します。

q) 形が整ったら、カップルを木の板に移します。

r) 濡れたキッチンタオルでカップルを覆います。

s) 1 時間から 1 時間半ほど休ませます。

t) オーブンを 375°F に予熱します。

u) カップルを黄金色になるまで焼きます。

v) コッピア フェラレーゼをオーブンから取り出し、ワイヤーラックの上に滑らせて冷まします。

w) コッピア・フェラレーゼが出来上がりました。

8.プンパーニッケルとライ麦のブレッドスティック

材料：
- ライ麦粉 1 カップ
- 中力粉 1 カップ
- プンパーニッケル粉 1/2 カップ
- ベーキングパウダー 小さじ 2
- 塩 小さじ 1
- キャラウェイシード 小さじ 1
- 溶かした無塩バター 1/4 カップ
- 牛乳 3/4 カップ

説明書：
a) オーブンを 375°F (190°C) に予熱します。天板にクッキングシートを敷きます。
b) 大きなボウルに、ライ麦粉、中力粉、プンパーニッケル粉、ベーキングパウダー、塩、キャラウェイシードを入れて混ぜ合わせます。
c) 別のボウルに溶かしたバターと牛乳を入れて混ぜます。湿った材料を乾いた材料に注ぎ、生地がまとまるまでかき混ぜます。
d) 軽く打ち粉をした台の上に生地を出し、滑らかになるまで数回こねます。
e) 生地を 12 等分し、それぞれを長さ 6 インチ (15 cm) のスティック状に丸めます。
f) 準備しておいたベーキングシートの上にスティックブレッドを置き、15〜18 分間、またはきつね色になるまで焼きます。
g) 食べる前にブレッドスティックを少し冷ましてください。

9.ローズマリーとタイムのブレッドスティック

材料：
- 中力粉 2 1/4 カップ
- ベーキングパウダー 小さじ 2
- 塩 小さじ 1
- 細かく刻んだ新鮮なローズマリー 大さじ 1
- 新鮮なタイムの葉 大さじ 1
- 溶かした無塩バター 1/4 カップ
- 牛乳 3/4 カップ

説明書：
a) オーブンを 375°F (190°C) に予熱します。天板にクッキングシートを敷きます。
b) 大きなボウルに小麦粉、ベーキングパウダー、塩、新鮮なローズマリー、新鮮なタイムの葉を入れて混ぜ合わせます。
c) 別のボウルに溶かしたバターと牛乳を入れて混ぜます。湿った材料を乾いた材料に注ぎ、生地がまとまるまでかき混ぜます。
d) 軽く打ち粉をした台の上に生地を出し、滑らかになるまで数回こねます。
e) 生地を 12 等分し、それぞれを長さ 6 インチ（15 cm）のスティック状に丸めます。
f) 準備しておいたベーキングシートの上にスティックブレッドを置き、15〜18 分間、またはきつね色になるまで焼きます。
g) 食べる前にブレッドスティックを少し冷ましてください。

10.セージ・ブレッドスティック

材料：
- 中力粉 2 1/4 カップ
- ベーキングパウダー 小さじ 2
- 塩 小さじ 1
- 細かく刻んだ新鮮なセージ 大さじ 1
- 溶かした無塩バター 1/4 カップ
- 牛乳 3/4 カップ

説明書：
a) オーブンを 375°F (190°C) に予熱します。天板にクッキングシートを敷きます。
b) 大きなボウルに小麦粉、ベーキングパウダー、塩、新鮮なセージを入れて混ぜ合わせます。
c) 別のボウルに溶かしたバターと牛乳を入れて混ぜます。湿った材料を乾いた材料に注ぎ、生地がまとまるまでかき混ぜます。
d) 軽く打ち粉をした台の上に生地を出し、滑らかになるまで数回こねます。
e) 生地を 12 等分し、それぞれを長さ 6 インチ (15 cm) のスティック状に丸めます。
f) 準備しておいたベーキングシートの上にスティックブレッドを置き、15〜18 分間、またはきつね色になるまで焼きます。
g) 食べる前にブレッドスティックを少し冷ましてください。

11.フェンネルシード入りソフトブレッドスティック

材料：
- 中力粉 2 1/4 カップ
- ベーキングパウダー 小さじ 2
- 塩 小さじ 1
- フェンネルシード 大さじ 2
- 溶かした無塩バター 1/4 カップ
- 牛乳 3/4 カップ

説明書：
a) オーブンを 375°F (190°C) に予熱します。天板にクッキングシートを敷きます。
b) 大きなボウルに小麦粉、ベーキングパウダー、塩、フェンネルシードを入れて混ぜ合わせます。
c) 別のボウルに溶かしたバターと牛乳を入れて混ぜます。湿った材料を乾いた材料に注ぎ、生地がまとまるまでかき混ぜます。
d) 軽く打ち粉をした台の上に生地を出し、滑らかになるまで数回こねます。
e) 生地を 12 等分し、それぞれを長さ 6 インチ (15 cm) のスティック状に丸めます。
f) 準備しておいたベーキングシートの上にスティックブレッドを置き、15～18 分間、またはきつね色になるまで焼きます。
g) 食べる前にブレッドスティックを少し冷ましてください。

12.ワイルドライスブレッドスティック

材料：
- 調理済みワイルドライス 1 カップ
- 中力粉 2 1/4 カップ
- ベーキングパウダー 小さじ 2
- 塩 小さじ 1
- 溶かした無塩バター 1/4 カップ
- 牛乳 3/4 カップ

説明書：
a) オーブンを 375°F (190°C) に予熱します。天板にクッキングシートを敷きます。
b) 大きなボウルに、調理したワイルドライス、小麦粉、ベーキングパウダー、塩を入れて混ぜます。
c) 別のボウルに溶かしたバターと牛乳を入れて混ぜます。湿った材料を乾いた材料に注ぎ、生地がまとまるまでかき混ぜます。
d) 軽く打ち粉をした台の上に生地を出し、滑らかになるまで数回こねます。
e) 生地を 12 等分し、それぞれを長さ 6 インチ（15 cm）のスティック状に丸めます。
f) 準備しておいたベーキングシートの上にスティックブレッドを置き、15〜18 分間、またはきつね色になるまで焼きます。
g) 食べる前にブレッドスティックを少し冷ましてください。

13.オニオンとフェンネルのブレッドスティック

材料：

- 中力粉 2 1/4 カップ
- ベーキングパウダー 小さじ 2
- 塩 小さじ 1
- 玉ねぎのみじん切り 1/2 カップ
- フェンネルシード 大さじ 1
- 溶かした無塩バター 1/4 カップ
- 牛乳 3/4 カップ

説明書：

a) オーブンを 375°F (190°C) に予熱します。天板にクッキングシートを敷きます。

b) 大きなボウルに小麦粉、ベーキングパウダー、塩を入れて混ぜ合わせます。

c) 細かく刻んだタマネギとフェンネルシードを乾燥材料に加え、よく混ぜます。

d) 別のボウルに溶かしたバターと牛乳を入れて混ぜます。湿った材料を乾いた材料に注ぎ、生地がまとまるまでかき混ぜます。

e) 軽く打ち粉をした台の上に生地を出し、滑らかになるまで数回こねます。

f) 生地を 12 等分し、それぞれを長さ 6 インチ (15 cm) のスティック状に丸めます。

g) 準備しておいたベーキングシートの上にスティックブレッドを置き、15〜18 分間、またはきつね色になるまで焼きます。

h) 食べる前にブレッドスティックを少し冷ましてください。

14.ペパロニブレッドスティック

材料：
- 中力粉 2 1/4 カップ
- ベーキングパウダー 小さじ 2
- 塩 小さじ 1
- 乾燥イタリアンシーズニング 小さじ 1
- 細かく刻んだペパロニ 1/2 カップ
- 溶かした無塩バター 1/4 カップ
- 牛乳 3/4 カップ

説明書：
a) オーブンを 375°F (190°C) に予熱します。天板にクッキングシートを敷きます。
b) 大きなボウルに小麦粉、ベーキングパウダー、塩、乾燥イタリアンシーズニングを入れて混ぜ合わせます。
c) 細かく刻んだペパロニを乾燥材料に加え、よく混ぜます。
d) 別のボウルに溶かしたバターと牛乳を入れて混ぜます。湿った材料を乾いた材料に注ぎ、生地がまとまるまでかき混ぜます。
e) 軽く打ち粉をした台の上に生地を出し、滑らかになるまで数回こねます。
f) 生地を 12 等分し、それぞれを長さ 6 インチ (15 cm) のスティック状に丸めます。
g) 準備しておいたベーキングシートの上にスティックブレッドを置き、15〜18 分間、またはきつね色になるまで焼きます。
h) 食べる前にブレッドスティックを少し冷ましてください。

15.イチジク入り生ハム巻きブレッドスティック

材料：
- スティックブレッド 12 本（市販品または自家製）
- 生ハム 6 枚（縦半分に切る）
- ドライいちじく 6 個（半分に切る）

説明書：
a) オーブンを 375°F (190℃) に予熱します。天板にクッキングシートを敷きます。
b) 各ブレッドスティックを生ハムの半分のスライスで包みます。
c) 半分に切ったドライイチジクを各ブレッドスティックの上に置き、生ハムで固定します。
d) 包んだスティック状のパンを準備しておいたベーキングシートの上に並べ、10〜12 分間、または生ハムがカリカリになるまで焼きます。
e) 食べる前にブレッドスティックを少し冷ましてください。

16.基本のオリーブオイルブレッドスティック

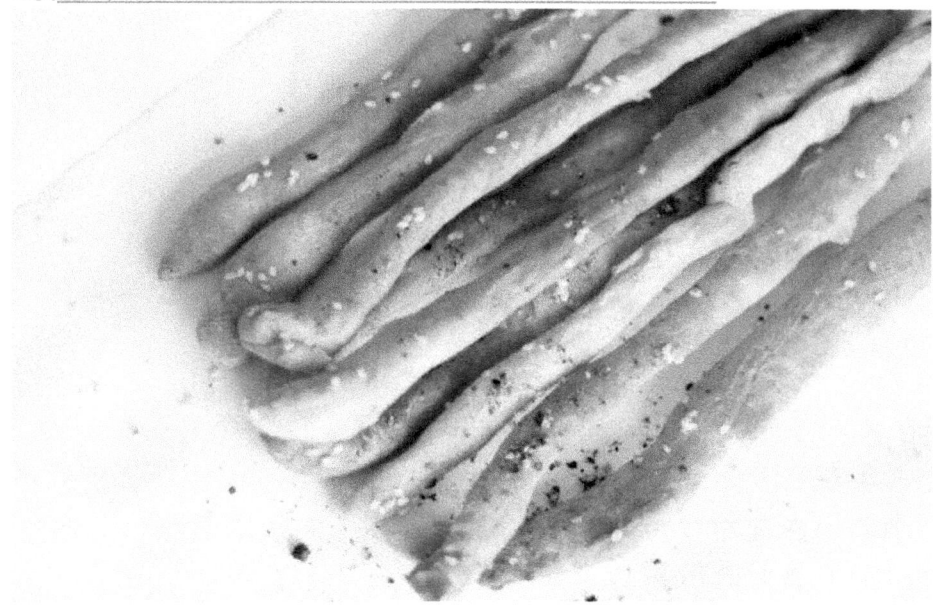

材料：
- 中力粉 2 カップ
- 塩 小さじ 1
- 砂糖 小さじ 1
- 活性ドライイースト 大さじ 1
- 温水 1/2 カップ
- オリーブオイル 1/4 カップ
- オプションのトッピング: 粗塩、乾燥ハーブ (ローズマリーやタイムなど)

説明書：
a) ミキシングボウルに小麦粉、塩、砂糖を入れて混ぜます。
b) 別の小さなボウルにイーストを入れ、温水に溶かし、泡立つまで 5 分間放置します。
c) イースト混合物とオリーブオイルを小麦粉混合物に加えます。生地がまとまるまでかき混ぜます。
d) 軽く打ち粉をした台に生地を移し、滑らかで弾力が出るまで約 5 分間こねます。
e) 油を塗ったボウルに生地を入れ、清潔なキッチンタオルで覆い、暖かい場所で約 1 時間、または 2 倍の大きさになるまで発酵させます。
f) オーブンを 375°F (190°C) に予熱します。
g) 生地を打ち抜き、均等な部分に分割します。
h) それぞれの部分を細いスティック状に丸めます。
i) クッキングシートを敷いた天板の上にスティックブレッドを置きます。
j) 必要に応じて、ブレッドスティックにオリーブオイルを塗り、粗塩または乾燥ハーブを振りかけます。
k) 12～15 分間、またはきつね色になるまで焼きます。
l) 食べる前にブレッドスティックが冷めるまで待ってください。

17.ブラックペッパー＆チェダー入りブレッドスティック

材料：
- 中力粉 2 1/4 カップ
- ベーキングパウダー 小さじ 2
- 塩 小さじ 1
- 黒コショウ 小さじ 1/2
- シュレッドチェダーチーズ 1 カップ
- 溶かした無塩バター 1/4 カップ
- 牛乳 3/4 カップ

説明書：
a) オーブンを 375°F (190°C) に予熱します。天板にクッキングシートを敷きます。
b) 大きなボウルに小麦粉、ベーキングパウダー、塩、黒コショウを入れて混ぜ合わせます。
c) シュレッドチェダーチーズを乾燥材料に加え、よく混ぜます。
d) 別のボウルに溶かしたバターと牛乳を入れて混ぜます。湿った材料を乾いた材料に注ぎ、生地がまとまるまでかき混ぜます。
e) 軽く打ち粉をした台の上に生地を出し、滑らかになるまで数回こねます。
f) 生地を 12 等分し、それぞれを長さ 6 インチ（15 cm）のスティック状に丸めます。
g) 準備しておいたベーキングシートの上にスティックブレッドを置き、15〜18 分間、またはきつね色になるまで焼きます。
h) 食べる前にブレッドスティックを少し冷ましてください。

18.チリベーコンブレッドスティック

材料：
中力粉 2 1/4 カップ
ベーキングパウダー 小さじ2
塩 小さじ1
チリパウダー 大さじ1
調理して砕いたベーコン 1/2 カップ
溶かした無塩バター 1/4 カップ
牛乳 3/4 カップ

a) 説明書：
b) オーブンを 375°F (190°C) に予熱します。天板にクッキングシートを敷きます。
c) 大きなボウルに小麦粉、ベーキングパウダー、塩、チリパウダーを入れて混ぜ合わせます。
d) 調理して砕いたベーコンを乾燥材料に加え、よく混ぜます。
e) 別のボウルに溶かしたバターと牛乳を入れて混ぜます。湿った材料を乾いた材料に注ぎ、生地がまとまるまでかき混ぜます。
f) 軽く打ち粉をした台の上に生地を出し、滑らかになるまで数回こねます。
g) 生地を12等分し、それぞれを長さ6インチ（15cm）のスティック状に丸めます。
h) 準備しておいたベーキングシートの上にスティックブレッドを置き、15〜18分間、またはきつね色になるまで焼きます。
i) 食べる前にブレッドスティックを少し冷ましてください。

19.フェンネルと粗塩のブレッドスティック

材料：
- 中力粉 2 1/4 カップ
- ベーキングパウダー 小さじ 2
- 塩 小さじ 1
- フェンネルシード 大さじ 1
- 粗塩 大さじ 2
- 溶かした無塩バター 1/4 カップ
- 牛乳 3/4 カップ

説明書：
a) オーブンを 375°F (190℃) に予熱します。天板にクッキングシートを敷きます。
b) 大きなボウルに小麦粉、ベーキングパウダー、塩、フェンネルシードを入れて混ぜ合わせます。
c) 別のボウルに溶かしたバターと牛乳を入れて混ぜます。湿った材料を乾いた材料に注ぎ、生地がまとまるまでかき混ぜます。
d) 軽く打ち粉をした台の上に生地を出し、滑らかになるまで数回こねます。
e) 生地を 12 等分し、それぞれを長さ 6 インチ (15 cm) のスティック状に丸めます。
f) 準備しておいたベーキングシートの上にスティック状のブレッドを置きます。粗塩をスティックブレッドにふりかけます。
g) 15〜18 分間、またはきつね色になるまで焼きます。
h) 食べる前にブレッドスティックを少し冷ましてください。

20.ハラペーニョブレッドスティック

材料 :
● 中力粉 2 1/4 カップ
● ベーキングパウダー 小さじ 2
● 塩 小さじ 1
● 種を取り、細かく刻んだハラペーニョ 2 個
● 溶かした無塩バター 1/4 カップ
● 牛乳 3/4 カップ

説明書 :
a) オーブンを 375°F (190°C) に予熱します。天板にクッキングシートを敷きます。
b) 大きなボウルに小麦粉、ベーキングパウダー、塩、刻んだハラペーニョを入れて混ぜ合わせます。
c) 別のボウルに溶かしたバターと牛乳を入れて混ぜます。湿った材料を乾いた材料に注ぎ、生地がまとまるまでかき混ぜます。
d) 軽く打ち粉をした台の上に生地を出し、滑らかになるまで数回こねます。
e) 生地を 12 等分し、それぞれを長さ 6 インチ (15 cm) のスティック状に丸めます。
f) 準備しておいたベーキングシートの上にスティックブレッドを置き、15〜18 分間、またはきつね色になるまで焼きます。
g) 食べる前にブレッドスティックを少し冷ましてください。

21.クラフトチーズブレッドスティック

材料：
- 中力粉 2 1/4 カップ
- ベーキングパウダー 小さじ 2
- 塩 小さじ 1
- クラフトシュレッドチーズ (チェダーチーズ、モッツァレラチーズなど) 1 カップ
- 溶かした無塩バター 1/4 カップ
- 牛乳 3/4 カップ

説明書：
a) オーブンを 375°F (190℃) に予熱します。天板にクッキングシートを敷きます。
b) 大きなボウルに小麦粉、ベーキングパウダー、塩を入れて混ぜ合わせます。
c) シュレッドチーズを乾燥材料に加え、よく混ぜます。
d) 別のボウルに溶かしたバターと牛乳を入れて混ぜます。湿った材料を乾いた材料に注ぎ、生地がまとまるまでかき混ぜます。
e) 軽く打ち粉をした台の上に生地を出し、滑らかになるまで数回こねます。
f) 生地を 12 等分し、それぞれを長さ 6 インチ (15 cm) のスティック状に丸めます。
g) 準備しておいたベーキングシートの上にスティックブレッドを置き、15～18 分間、またはきつね色になるまで焼きます。
h) 食べる前にブレッドスティックを少し冷ましてください。

22.ナッツ入りブレッドスティック

材料：
- 中力粉 2 1/4 カップ
- ベーキングパウダー 小さじ 2
- 塩 小さじ 1
- 刻んだナッツ (クルミ、アーモンドなど) 1/2 カップ
- 溶かした無塩バター 1/4 カップ
- 牛乳 3/4 カップ

説明書：
a) オーブンを 375°F (190°C) に予熱します。天板にクッキングシートを敷きます。
b) 大きなボウルに小麦粉、ベーキングパウダー、塩を入れて混ぜ合わせます。
c) 刻んだナッツを乾燥材料に加え、よく混ぜます。
d) 別のボウルに溶かしたバターと牛乳を入れて混ぜます。湿った材料を乾いた材料に注ぎ、生地がまとまるまでかき混ぜます。
e) 軽く打ち粉をした台の上に生地を出し、滑らかになるまで数回こねます。
f) 生地を 12 等分し、それぞれを長さ 6 インチ (15 cm) のスティック状に丸めます。
g) 準備しておいたベーキングシートの上にスティックブレッドを置き、15〜18 分間、またはきつね色になるまで焼きます。
h) 食べる前にブレッドスティックを少し冷ましてください。

23.オリーブガーデンのブレッドスティック

材料：
- 中力粉 2 1/4 カップ
- ベーキングパウダー 小さじ 2
- 塩 小さじ 1
- ガーリックパウダー 小さじ 1
- 乾燥オレガノ 小さじ 1
- 溶かした無塩バター 1/4 カップ
- 牛乳 3/4 カップ

説明書：
a) オーブンを 375°F (190°C) に予熱します。天板にクッキングシートを敷きます。
b) 大きなボウルに小麦粉、ベーキングパウダー、塩、ガーリックパウダー、乾燥オレガノを入れて混ぜ合わせます。
c) 別のボウルに溶かしたバターと牛乳を入れて混ぜます。湿った材料を乾いた材料に注ぎ、生地がまとまるまでかき混ぜます。
d) 軽く打ち粉をした台の上に生地を出し、滑らかになるまで数回こねます。
e) 生地を 12 等分し、それぞれを長さ 6 インチ (15 cm) のスティック状に丸めます。
f) 準備しておいたベーキングシートの上にスティックブレッドを置き、15～18 分間、またはきつね色になるまで焼きます。
g) 食べる前にブレッドスティックを少し冷ましてください。

プレッツェル

材料：
- 中力粉 4 カップ
- 塩 小さじ 2
- 砂糖 小さじ 2
- 活性ドライイースト 小さじ 2 1/4
- 温水 1 カップ
- 柔らかくした無塩バター 大さじ 4
- 粗塩 (トッピング用)

アルカリ溶液の場合 (オプション):
- 水 4 カップ
- 重曹 大さじ 2

説明書：

a) 大きなミキシングボウルに小麦粉、塩、砂糖を入れて混ぜます。成分が均一に行き渡るようによく混ぜます。

b) 小さなボウルにイーストを入れ、温水で溶かします。泡状になるまで 5 分ほど放置します。

c) イースト混合物を乾燥材料の入ったボウルに注ぎます。柔らかくしたバターも加えます。生地が形成されるまで、木のスプーンまたは手で混合物をかき混ぜます。

d) 生地を軽く小麦粉をまぶした台に移し、滑らかで弾力性のある生地になるまで約 8～10 分間こねます。

e) 軽く油を塗ったボウルに生地を置き、清潔なキッチンタオルまたはラップで覆います。暖かく、隙間風のない場所で約 1 ～ 1 時間半、またはサイズが 2 倍になるまで発酵させます。

f) オーブンを 230°C (450°F) に予熱し、ベーキングシートにクッキングシートを敷きます。

g) 発酵した生地をパンチして空気を抜きます。生地を同じ大きさの部分に分割し、各部分を長さ約 40 ～ 50 センチメートル (16 ～ 20 インチ) の長いロープに丸めます。

h) プレッツェルの形を整えるには、各ロープを U 字形に形成します。両端を 2 回交差させて、U 字型の下部のカーブに両端を押し付けて、古典的なプレッツェルの形を作ります。準備しておいたベーキングシートの上にプレッツェルを置きます。

i) 必要に応じて、大きな鍋に水を沸騰させてアルカリ溶液を準備します。沸騰したお湯に重曹を加えます。各プレッツェルを沸騰したアルカリ溶液に約 10 秒間注意深く浸し、ベーキングシートに戻します。このステップにより、プレッツェルに特徴的な黒くて光沢のある皮が与えられます。あるいは、明るい色の生地を作るには、このステップを省略することもできます。

j) プレッツェルに粗塩をたっぷりとふりかけます。

k) 予熱したオーブンでブレッツェル ダルザスを約 12 ～ 15 分間、または黄金色になるまで焼きます。

l) プレッツェルをオーブンから取り出し、食べる前にワイヤーラックの上で冷まします。

材料：

- プレッツェルツイスト 2 カップ（少し砕いて）
- 無塩ピーナッツまたはミックスナッツ 1 カップ
- ミニプレッツェル 1 カップ
- コーンシリアルスクエア 1 カップ
- 溶かした無塩バター 1/4 カップ
- ウスターソース 大さじ 1
- ガーリックパウダー 小さじ 1
- オニオンパウダー 小さじ 1
- パプリカ 小さじ 1/2
- カイエンペッパー 小さじ 1/4（お好みで）

説明書：

a) オーブンを 250°F (120°C) に予熱します。天板にクッキングシートを敷きます。

b) 大きなボウルに、プレッツェルツイスト、ピーナッツ、ミニプレッツェル、四角いコーンシリアルを入れて混ぜます。

c) 別の小さなボウルに、溶かしたバター、ウスターソース、ガーリックパウダー、オニオンパウダー、パプリカ、カイエンペッパー（使用する場合）を入れて混ぜ合わせます。

d) バター混合物をプレッツェル混合物の上に注ぎ、均一にコーティングするように投げます。

e) コーティングされたプレッツェル混合物を用意したベーキングシートの上に均一な層で広げます。

f) 予熱したオーブンで、15 分ごとにかき混ぜながら、プレッツェルがカリッと黄金色になるまで約 1 時間焼きます。

g) オーブンから取り出し、完全に冷めてからお召し上がりください。

26.カレープレッツェル

材料：

- プレッツェルツイスト 2 カップ
- 溶かした無塩バター 大さじ 2
- カレー粉 大さじ 1
- ガーリックパウダー 小さじ 1/2
- オニオンパウダー 小さじ 1/2
- カイエンペッパー 小さじ 1/4（お好みで）
- 塩味をお好みで

説明書：

a) オーブンを 325°F (160°C) に予熱します。天板にクッキングシートを敷きます。

b) 大きなボウルに、プレッツェルツイスト、溶かしバター、カレー粉、ガーリックパウダー、オニオンパウダー、カイエンペッパー（使用する場合）、塩を入れて混ぜます。プレッツェルを均一にコーティングするように投げます。

c) コーティングされたプレッツェルを用意したベーキングシートの上に一層に広げます。

d) プレッツェルがトーストされて香りが立つまで、予熱したオーブンで 1〜2 回かき混ぜながら約 10〜15 分間焼きます。

e) オーブンから取り出し、完全に冷めてからお召し上がりください。

27.デザートプレッツェル

材料：

- プレッツェルのロッドまたはツイスト
- 溶けるチョコレートまたはキャンディーメルト（ミルク、ダーク、またはホワイトチョコレート）
- 各種トッピング（スプリンクル、砕いたナッツ、細切りココナッツなど）

説明書：

a) 天板にクッキングシートを敷きます。

b) パッケージの指示に従ってチョコレートまたはキャンディーメルトを溶かします。

c) 各プレッツェルを溶かしたチョコレートに浸し、余分なものを落とします。

d) チョコレートがまだ濡れているうちに、すぐにお好みのトッピングを振りかけます。

e) 準備したベーキングシートに飾り付けたプレッツェルを置きます。

f) チョコレートを室温で固めるか、より早く固めるためにベーキングシートを冷蔵庫に置きます。

g) 固まったら冷蔵庫から取り出してお召し上がりください。

28.エスプレッソプレッツェル

材料：
● 中力粉 2 カップ
● インスタントエスプレッソパウダー 大さじ 1
● 塩 小さじ 1
● 砂糖 大さじ 1
● 活性ドライイースト 1 パック (小さじ 2 と 1/4)
● 温水 1 カップ
● ふりかけ用粗塩
● 卵 1 個 (溶きほぐす)

説明書：
a) 大きなボウルに小麦粉、エスプレッソパウダー、塩、砂糖を入れて混ぜます。
b) 別の小さなボウルにイーストを入れ、温水に溶かし、泡立つまで 5 分間放置します。
c) イースト混合物を乾燥材料に注ぎ、生地が形成されるまで混ぜます。
d) 生地を打ち粉をした台の上に置き、滑らかで弾力が出るまで約 5 分間こねます。
e) 油を塗ったボウルに生地を入れ、清潔なキッチンタオルで覆い、暖かい場所で約 1 時間、または 2 倍の大きさになるまで発酵させます。
f) オーブンを 220℃ (425℉) に予熱し、ベーキングシートにクッキングシートを敷きます。
g) 生地を小さく分割し、それぞれを長いロープ状に丸めます。生地をねじってプレッツェルの形にします。
h) 用意しておいた天板にプレッツェルを置き、溶き卵を刷毛で塗ります。その上に粗塩をふりかけます。
i) 12〜15 分間、またはきつね色になるまで焼きます。お召し上がりになる前に冷ましてください。

材料：
- ぬるま湯 2 カップ
- 砂糖 大さじ 1
- 活性ドライイースト 大さじ 1
- 中力粉 4 1/2 カップ
- 塩 小さじ 2
- 重曹 1/4 カップ
- ふりかけ用粗塩

説明書：
a) 大きなボウルに温水と砂糖を入れて混ぜます。イーストを水の上に振りかけ、5 分間または泡立つまで放置します。

b) ボウルに小麦粉と塩を加え、生地がまとまるまで混ぜます。

c) 生地を打ち粉をした台の上に置き、滑らかで弾力が出るまで約 5 分間こねます。

d) 油を塗ったボウルに生地を入れ、清潔なキッチンタオルで覆い、暖かい場所で約 1 時間、または 2 倍の大きさになるまで発酵させます。

e) オーブンを 230℃（450°F）に予熱し、ベーキングシートにクッキングシートを敷きます。

f) 大きな鍋に水を沸騰させ、重曹を加えます。

g) 生地を小さく分割し、それぞれを長いロープ状に丸めます。生地をねじってプレッツェルの形にします。

h) 各プレッツェルを重曹を入れた沸騰したお湯に約 30 秒間浸し、用意したベーキングシートの上に置きます。

i) プレッツェルの上に粗塩をふりかけます。

j) 10〜12 分間、またはきつね色になるまで焼きます。お召し上がりになる前に冷ましてください。

30.ペッパーチーズプレッツェル

材料：
- 中力粉 2 カップ
- 砂糖 大さじ 1
- ベーキングパウダー 小さじ 1 と 1/2
- 塩 小さじ 1
- 黒コショウ 小さじ 1
- 細切りペッパージャックチーズ 1 カップ
- 牛乳 1/2 カップ
- 溶かした無塩バター 1/4 カップ
- ふりかけ用粗塩

説明書：
a) オーブンを 220℃（425°F）に予熱し、ベーキングシートにクッキングシートを敷きます。
b) 大きなボウルに小麦粉、砂糖、ベーキングパウダー、塩、黒胡椒、シュレッドチーズを入れて混ぜます。
c) 別の小さなボウルに牛乳と溶かしバターを入れて混ぜます。
d) 牛乳とバターの混合物を乾燥材料に注ぎ、生地が形成されるまでかき混ぜます。
e) 生地を打ち粉をした台の上に置き、滑らかになるまで数分間こねます。
f) 生地を小さく分割し、それぞれを長いロープ状に丸めます。生地をねじってプレッツェルの形にします。
g) 準備しておいた天板にプレッツェルを置き、その上に粗塩を振ります。
h) 12～15 分間、またはきつね色になるまで焼きます。お召し上がりになる前に冷ましてください。

ペパーミントプレッツェルの杖

材料：

- プレッツェルロッド **12** 本
- ホワイトチョコレートチップ **1** カップ
- ペパーミントエキス 小さじ **1/2**
- 飾り用の砕いたキャンディケイン

説明書：

a) 天板にクッキングシートを敷きます。

b) 電子レンジ対応のボウルにホワイトチョコレートチップを入れ、滑らかになるまでかき混ぜながら **30** 秒間隔で溶かします。

c) 溶かしたチョコレートにペパーミントエキスを加えて混ぜます。

d) 各プレッツェルロッドを溶かしたチョコレートに浸し、途中の約 **3/4** をコーティングします。

e) コーティングされたプレッツェルロッドを用意したベーキングシートの上に置き、砕いたキャンディケインをチョコレートコーティングの上に振りかけます。

f) ベーキングシートを冷蔵庫に約 **15〜20** 分間、またはチョコレートが固まるまで置きます。

g) 固まったら、プレッツェルを冷蔵庫から取り出し、お召し上がりください。

32.フィラデルフィアソフトプレッツェル

材料：

- 温水 1 1/2 カップ
- 砂糖 大さじ 1
- 塩 小さじ 2
- 活性ドライイースト 1 パッケージ（小さじ 2 と 1/4）
- 中力粉 4 1/2 カップ
- 溶かした無塩バター 大さじ 4
- ふりかけ用粗塩

説明書：

a) 大きなボウルに温水、砂糖、塩を入れて混ぜます。イーストを水の上に振りかけ、5 分間または泡立つまで放置します。

b) ボウルに小麦粉と溶かしバターを加え、生地が形成されるまで混ぜます。

c) 生地を打ち粉をした台の上に置き、滑らかで弾力が出るまで約 5～7 分間こねます。

d) 油を塗ったボウルに生地を入れ、清潔なキッチンタオルで覆い、暖かい場所で約 1 時間、または 2 倍の大きさになるまで発酵させます。

e) オーブンを 220℃（425°F）に予熱し、ベーキングシートにクッキングシートを敷きます。

f) 生地を同じ大きさに分割し、それぞれを長いロープ状に丸めます。生地をプレッツェルの形に成形します。

g) 準備しておいた天板にプレッツェルを置き、その上に粗塩を振ります。

h) 12～15 分間、またはきつね色になるまで焼きます。お召し上がりになる前に冷ましてください。

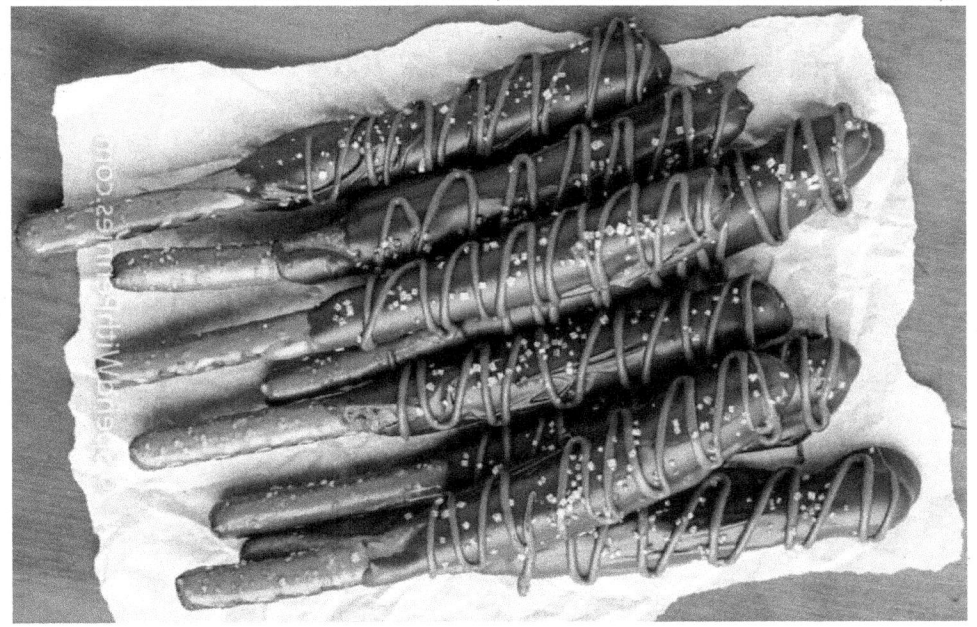

材料：

- プレッツェルツイストまたはロッド 12 本
- セミスイートチョコレートチップ 1 カップ
- 植物油 大さじ 1
- トッピング各種（スプリンクル、クラッシュナッツ、シュレッドココナッツなど）

説明書：

a) 天板にクッキングシートを敷きます。

b) 電子レンジ対応のボウルにチョコレートチップと植物油を入れて混ぜます。チョコレートが完全に溶けて滑らかになるまで、30 秒間隔でかき混ぜながら電子レンジに加熱します。

c) 各プレッツェルツイストまたはロッドを溶かしたチョコレートに浸し、完全にコーティングします。

d) 余分なチョコレートを落としてから、準備しておいたベーキングシートの上にコーティングされたプレッツェルを置きます。

e) チョコレートがまだ濡れている間に、お好みのトッピングをプレッツェルの上に振りかけます。

f) 残りのプレッツェルでこのプロセスを繰り返します。

g) ベーキングシートを冷蔵庫に約 20 分間、またはチョコレートが固まるまで置きます。

h) 固まったら、チョコレートプレッツェルを冷蔵庫から取り出し、お召し上がりください。

34.スパイダープレッツェル

材料：

- 24 個の小さなプレッツェルツイスト
- セミスイートチョコレートチップ 1 カップ
- 48 キャンディーアイ
- 小さな丸いキャンディー (M&M または類似のもの) 24 個

説明書：

a) 天板にクッキングシートを敷きます。

b) 電子レンジ対応のボウルにチョコレートチップを入れ、滑らかになるまでかき混ぜながら 30 秒間隔で溶かします。

c) 各プレッツェルツイストの半分を溶かしたチョコレートに浸します。端は覆わないように注意してください。

d) 用意しておいた天板にチョコレートを浸したプレッツェルを置きます。

e) 上部近くの各プレッツェルにキャンディーアイを 2 つ取り付けます。

f) 小さな丸いキャンディーを中央の目のすぐ下に置き、クモの体を作成します。

g) 残りのプレッツェルでこのプロセスを繰り返します。

h) ベーキングシートを冷蔵庫に約 20 分間、またはチョコレートが固まるまで置きます。

i) 固まったら、スパイダープレッツェルを冷蔵庫から取り出し、お召し上がりください。

35.タラーリ（イタリアのプレッツェル）

材料：
- 中力粉 3 カップ
- 塩 小さじ 1
- 黒コショウ 小さじ 1
- フェンネルシード 小さじ 1
- エクストラバージンオリーブオイル 1/4 カップ
- 辛口白ワイン 1 カップ

説明書：
a) オーブンを 175℃（350°F）に予熱し、ベーキングシートにクッキングシートを敷きます。
b) 大きなボウルに小麦粉、塩、黒コショウ、フェンネルシードを入れて混ぜます。
c) ボウルにオリーブオイルを加え、よくなじむまで混ぜます。
d) 白ワインを少しずつ加え、生地がまとまるまで混ぜます。
e) 生地を打ち粉をした台の上に置き、滑らかになるまで数分間こねます。
f) 生地を小さな部分に分割し、各部分を厚さ約 1/2 インチ、長さ 4〜6 インチのロープの形に丸めます。
g) 各ロープをプレッツェルの形に成形し、端を押し合わせて固定します。
h) 準備しておいたベーキングシートの上にプレッツェルを置きます。
i) 20〜25 分間、またはきつね色になるまで焼きます。
j) タラリは冷めるまで待ってからお召し上がりください。

材料 :
- 24 個の小さなプレッツェルのツイストまたはスクエア
- チョコレートでコーティングされたキャラメルキャンディー 24 個 (ロロなど)
- ピーカンナッツの半分 24 個

説明書 :
a) オーブンを 175℃ (350°F) に予熱し、ベーキングシートにクッキングシートを敷きます。
b) プレッツェルのツイストまたはスクエアを用意したベーキングシートの上に置きます。
c) チョコレートで覆われたキャラメル キャンディーの包装を解き、各プレッツェルの上に 1 つずつ置きます。
d) キャラメルが柔らかくなり始めるまで、2~3 分間焼きます。
e) オーブンからベーキングシートを取り出し、ピーカンナッツの半分を各キャラメルの上にそっと押しつけ、少し平らにします。
f) 食べる前にタートルプレッツェルが完全に冷めるまで待ってください。

37.ホワイトチョコレートキャンディプレッツェル

材料：
- 24 のプレッツェルツイスト
- ホワイトチョコレートチップ 1 カップ
- 植物油 大さじ 1
- 各種色のキャンディーメルトまたはスプリンクル

説明書：
a) 天板にクッキングシートを敷きます。
b) 電子レンジ対応のボウルにホワイトチョコレートチップと植物油を入れて混ぜます。チョコレートが完全に溶けて滑らかになるまで、30 秒間隔でかき混ぜながら電子レンジに加熱します。
c) 各プレッツェルツイストを溶かしたホワイトチョコレートに浸し、完全にコーティングします。
d) 余分なチョコレートを落としてから、準備しておいたベーキングシートの上にコーティングされたプレッツェルを置きます。
e) ホワイトチョコレートがまだ濡れている間に、色付きのキャンディーメルトを降らせるか振りかけるか、装飾用にプレッツェルの上に振りかけます。
f) 残りのプレッツェルでこのプロセスを繰り返します。
g) ベーキングシートを冷蔵庫に約 20 分間、またはチョコレートが固まるまで置きます。
h) ホワイトチョコレートキャンディプレッツェルが固まったら、冷蔵庫から取り出してお召し上がりください。

38.焼きプレッツェル

材料：
● 中力粉 2 1/4 カップ
● 塩 小さじ 1
● 砂糖 大さじ 1
● インスタントイースト 小さじ 2 1/4
● 温水 1 カップ
● 重曹 大さじ 2
● ふりかけ用粗塩

説明書：

ミキシングボウルに小麦粉、塩、砂糖、イーストを入れて混ぜます。温水を加え、生地が形成されるまで混ぜます。

生地を軽く打ち粉をした台の上で、滑らかで弾力のある状態になるまで約 5 分間こねます。

生地を同じ大きさに分割し、それぞれを長いロープ状に丸めます。

ロープの両端を交差させて、下のカーブに押し付けて、プレッツェルの形にします。

オーブンを 425°F (220°C) に予熱します。

大きな鍋に水を沸騰させます。重曹を加えます。

プレッツェルを一度に 1、2 個ずつ約 30 秒間茹でます。穴あきスプーンを使ってそれらを取り出し、クッキングシートを敷いた天板の上に置きます。
プレッツェルに粗塩をふりかけます。
予熱したオーブンで約 12〜15 分間、またはきつね色になるまで焼きます。
オーブンから取り出し、少し冷ましてからお召し上がりください。

39.そば粉プレッツェル

材料：
そば粉 2 カップ
中力粉 1 カップ
塩 小さじ 2
砂糖 小さじ 1
温水 1 1/4 カップ
インスタントイースト 小さじ 2 1/4
ふりかけ用粗塩
説明書：

ボウルにそば粉、中力粉、塩、砂糖、イースト、温水を入れて混ぜます。生地が形成されるまで混ぜます。

生地を軽く打ち粉をした台の上で、滑らかで弾力のある状態になるまで約 5 分間こねます。

生地を同じ大きさに分割し、それぞれを長いロープ状に丸めます。

ロープの両端を交差させて、下のカーブに押し付けて、プレッツェルの形にします。

オーブンを 425°F (220°C) に予熱します。

クッキングシートを敷いた天板にプレッツェルを置きます。

プレッツェルに粗塩をふりかけます。

予熱したオーブンで約 12～15 分間、またはきつね色になるまで焼きます。

オーブンから取り出し、少し冷ましてからお召し上がりください。

40.キャラメルディップチョコレートコーティングプレッツェル

材料 :
- プレッツェルロッド
- キャラメル 1 カップ (包装されていないもの)
- チョコレートチップ 1 カップ
- 各種トッピング (スプリンクル、クラッシュナッツなど)

説明書 :
a) 天板にクッキングシートを敷きます。
b) パッケージの指示に従って、電子レンジ対応のボウルにキャラメルを入れて溶かします。
c) 溶けたキャラメルにプレッツェルの棒をそれぞれ浸し、余分なものを落とします。用意しておいた天板にキャラメルコーティングしたプレッツェルを置きます。
d) ベーキングシートを冷蔵庫に約 15 分間置き、キャラメルを固めます。
e) 別の電子レンジ対応のボウルにチョコレートチップを入れ、滑らかになるまで 30 秒ごとにかき混ぜながら電子レンジで溶かします。
f) キャラメルでコーティングされたプレッツェルの棒をそれぞれ溶かしたチョコレートに浸し、余分なものを落とします。
g) チョコレートがまだ濡れているうちに、すぐにお好みのトッピングを振りかけます。
h) チョコレートを浸したプレッツェルを天板に戻し、チョコレートが固まるまで冷蔵庫で冷やします。
i) 固まったら冷蔵庫から取り出してお召し上がりください。

41.チーズ&ディジョンプレッツェル

材料 :
- 中力粉 2 1/4 カップ
- 塩 小さじ 1
- 砂糖 大さじ 1
- インスタントイースト 小さじ 2 1/4
- 温水 1 カップ
- 重曹 大さじ 2
- シュレッドチーズ (チェダーチーズ、グリュイエールチーズなど) 1 カップ
- ディジョンマスタード (盛り付け用)

説明書 :
a) 大きなミキシングボウルに中力粉、塩、砂糖、インスタントイーストを入れて混ぜます。よく混ぜます。

b) 乾燥した材料に温水を加え、生地が形成されるまでかき混ぜます。

c) 生地を打ち粉をした台に移し、滑らかで弾力のある状態になるまで約 5 分間こねます。このステップでは、生地フックアタッチメントを備えたスタンドミキサーを使用することもできます。

d) 油を塗ったボウルに生地を入れ、清潔なキッチンタオルで覆います。暖かい場所で約 1 時間、または 2 倍の大きさになるまで発酵させます。

e) オーブンを 220℃ (425°F) に予熱し、ベーキングシートにクッキングシートを敷きます。

f) 浅い皿に重曹と温水を混ぜて溶液を作ります。

g) 生地が膨らんだら、パンチして空気を抜きます。12 等分に分けます。

h) 生地の一部を取り出し、長さ約 20 インチ (50 cm) の長いロープに丸めます。

i) 生地を U 字型にしてプレッツェルの形に成形し、両端を交差させてねじり、U 字型の底に押し付けます。

j) 各プレッツェルを重曹溶液に浸し、両面がコーティングされていることを確認します。この工程により、プレッツェルに特徴的なもちもちとした食感が生まれます。

k) 浸したプレッツェルを用意したベーキングシートの上に置きます。

l) 各プレッツェルにたっぷりのシュレッドチーズを振りかけ、軽く押して生地に密着させます。

m) 予熱したオーブンでプレッツェルを約 12～15 分間、または黄金色になり、チーズが溶けて泡立つまで焼きます。

n) プレッツェルをオーブンから取り出し、食べる前に少し冷まします。

o) チーズ＆ディジョンプレッツェルを温めて、ディジョンマスタードを添えてお召し上がりください。

42. チョコレートアーモンドプレッツェル

材料：
プレッツェルロッド
チョコレートチップ 1 カップ
刻んだアーモンド 1/2 カップ

説明書：
a) 天板にクッキングシートを敷きます。

b) 電子レンジ対応のボウルにチョコレートチップを入れ、滑らかになるまで **30** 秒ごとにかき混ぜます。

c) 各プレッツェル ロッドを溶かしたチョコレートに浸し、余分なものを落とします。

d) すぐにチョコレートに浸したプレッツェルを刻んだアーモンドの中で転がし、軽く押してくっつけます。

e) 用意しておいた天板にチョコレートアーモンドプレッツェルを置きます。

f) チョコレートを室温で固めるか、より早く固めるためにベーキングシートを冷蔵庫に置きます。

g) 固まったら冷蔵庫から取り出してお召し上がりください。

43.チョコレートプレッツェルクッキー

材料：

柔らかくしたバター 1 カップ
グラニュー糖 1 カップ
ブラウンシュガー 1 カップ
大きな卵 2 個
バニラエッセンス 小さじ 2
中力粉 2 1/2 カップ
無糖ココアパウダー 1/2 カップ
重曹 小さじ 1
塩 小さじ 1/2
刻んだプレッツェル 2 カップ
チョコレートチップ 1 カップ

説明書：

オーブンを 350°F (175°C) に予熱します。ベーキングシートにクッキングシートを敷きます。

大きなミキシングボウルに、バター、グラニュー糖、ブラウンシュガーを軽くふわふわになるまでクリーム状に混ぜます。

卵を一度に 1 つずつ加え、追加するたびによく混ぜます。バニラエッセンスを加えてかき混ぜます。

別のボウルに小麦粉、ココアパウダー、重曹、塩を入れて混ぜ合わせます。

乾燥材料をバター混合物に徐々に加え、よく混ざるまで混ぜます。

刻んだプレッツェルとチョコチップを混ぜます。

準備したベーキングシートの上に、丸めた大さじ 1 杯の生地を約 2 インチ間隔で置きます。

予熱したオーブンで 10〜12 分間、または端が固まるまで焼きます。

オーブンから取り出し、クッキーをベーキングシートの上で数分間冷ましてから、ワイヤーラックに移して完全に冷まします。

材料：
プレッツェルツイストまたはロッド
チョコレートチップ 1 カップ（ミルクチョコレート、ダークチョコレート、またはホワイトチョコレート）
各種トッピング（スプリンクル、砕いたナッツ、細切りココナッツなど）

説明書：

天板にクッキングシートを敷きます。

電子レンジ対応のボウルにチョコレートチップを入れ、滑らかになるまで 30 秒ごとにかき混ぜます。

各プレッツェルを溶かしたチョコレートに浸し、余分なものを落とします。

用意しておいた天板にチョコレートを浸したプレッツェルを置きます。

チョコレートがまだ濡れているうちに、すぐにお好みのトッピングを振りかけます。

ベーキングシートを冷蔵庫に約 15〜20 分間置き、チョコレートを固めます。

チョコレートが固まったら、冷蔵庫から取り出してお召し上がりください。

材料：
中力粉 2 1/4 カップ
塩 小さじ 1
砂糖 大さじ 1
インスタントイースト 小さじ 2 1/4
温水 1 カップ
重曹 大さじ 2
溶かした無塩バター 1/4 カップ
ニンニク 2 片 (みじん切り)
細かく刻んだフレッシュハーブ 大さじ 1 (パセリ、タイム、
ローズマリーなど)

説明書：
a) 大きなミキシングボウルに中力粉、塩、砂糖、インスタン
トイーストを入れて混ぜます。よく混ぜます。
b) 乾燥した材料に温水を加え、生地が形成されるまでかき混
ぜます。
c) 生地を打ち粉をした台に移し、滑らかで弾力のある状態に
なるまで約 5 分間こねます。このステップでは、生地フック
アタッチメントを備えたスタンドミキサーを使用することも
できます。
d) 油を塗ったボウルに生地を入れ、清潔なキッチンタオルで
覆います。暖かい場所で約 1 時間、または 2 倍の大きさにな
るまで発酵させます。
e) オーブンを 220℃ (425℉) に予熱し、ベーキングシート
にクッキングシートを敷きます。
f) 浅い皿に重曹と温水を混ぜて溶液を作ります。
g) 生地が膨らんだら、パンチして空気を抜きます。12 等分
に分けます。
h) 生地の一部を取り出し、長さ約 20 インチ (50 cm) の長い
ロープに丸めます。
i) 生地を U 字型にしてプレッツェルの形に成形し、両端を
交差させてねじり、U 字型の底に押し付けます。

j) 各プレッツェルを重曹溶液に浸し、両面がコーティングされていることを確認します。この工程により、プレッツェルに特徴的なもちもちとした食感が生まれます。

k) 浸したプレッツェルを用意したベーキングシートの上に置きます。

l) 小さなボウルに、溶かしたバター、みじん切りのニンニク、刻んだ新鮮なハーブを混ぜ合わせます。

m) バターとハーブの混合物を各プレッツェルの上にたっぷりと刷毛で塗り、すべての表面がコーティングされるようにします。

n) 予熱したオーブンでプレッツェルを約12〜15分間、または黄金色になるまで焼きます。

o) プレッツェルをオーブンから取り出し、食べる前に少し冷まします。

46.ジャレビス

材料：

- 中力粉 1 カップ
- セモリナ粉 大さじ 1
- ベーキングパウダー 小さじ 1
- プレーンヨーグルト 1/2 カップ
- 温水 1/2 カップ
- サフランの束 小さじ 1 (お好みで)
- フライ用油
- シロップの場合:
- 砂糖 1 カップ
- 水 1/2 カップ
- カルダモンパウダー 小さじ 1/2
- サフラン 数本 (お好みで)

説明書：

a) ミキシングボウルに中力粉、セモリナ粉、ベーキングパウダーを入れて混ぜます。

b) 別の小さなボウルにサフランの束を入れ、温水で溶かします。

c) ヨーグルトとサフラン水を乾燥材料に加え、よく混ぜて滑らかな生地を形成します。粘稠度は濃厚ですが、注ぎやすいものでなければなりません。

d) ボウルをきれいな布で覆い、生地を少なくとも 30 分間休ませます。

e) その間に鍋に砂糖と水を入れてシロップを作ります。沸騰させ、砂糖が溶けてシロップが少し濃くなるまで約 5 分間煮ます。必要に応じて、カルダモンパウダーとサフランの束を加えます。火から下ろし、冷ますために置いておきます。

f) 深めのフライパンや鍋に油を熱し、揚げます。

g) 小さな丸い口金を付けた絞り袋に生地を入れます。

h) 生地をスパイラルまたはプレッツェルのような形に絞り、熱い油の中に直接入れます。両面がきつね色になるまで揚げます。

i) 揚げたジャレビスを油から取り出し、用意したシロップに直接移します。1〜2分間浸してから取り出し、皿に置きます。

j) ジャレビスは温かいか室温でお召し上がりください。

材料：

- 中力粉 2 1/4 カップ
- グラニュー糖 大さじ 2
- インスタントイースト 小さじ 1
- 塩 小さじ 1/2
- 牛乳 1/2 カップ (ぬるま湯)
- 溶かした無塩バター 大さじ 2
- 卵 1 個 (溶きほぐす)
- トッピングの場合:
- 卵 1 個 (溶きほぐす)
- ふりかけ用のパールシュガーまたはざらめ糖

説明書：

a) 大きなミキシングボウルに小麦粉、砂糖、インスタントイースト、塩を入れて混ぜます。

b) ぬるま湯、溶かしバター、溶き卵を乾燥材料に加えます。生地がまとまるまでかき混ぜます。

c) 生地を軽く小麦粉をまぶした台に移し、滑らかで弾力性があるまで約 5~7 分間こねます。

d) 生地をボウルに戻し、清潔な布巾をかけて暖かい場所で約 1 時間、または 2 倍の大きさになるまで発酵させます。

e) オーブンを 375°F (190°C) に予熱します。天板にクッキングシートを敷きます。

f) 生地を 6 等分に分けます。それぞれの部分を丸めて、長さ約 20 インチの長いロープにします。

g) 各ロープをプレッツェルのような結び目の形に整え、両端を交差させて生地の下に押し込みます。

h) 準備したベーキングシートの上に形を整えたクリングラーを置きます。溶き卵を刷毛で塗り、パールシュガーまたはザラメ糖をふりかけます。

i) 予熱したオーブンで約 12~15 分間、またはきつね色になるまで焼きます。

j) オーブンから取り出し、少し冷ましてからお召し上がりください。

48.ノイヤールシュプレッツェル (新年のプレッツェル)

材料：
中力粉 4 カップ
塩 小さじ 1
砂糖 大さじ 1
インスタントイースト 小さじ 2 1/4
ぬるま湯 1 1/2 カップ
溶かした無塩バター 1/4 カップ
ふりかけ用粗塩

説明書：

a) ボウルに小麦粉、塩、砂糖、インスタントイーストを入れて混ぜ合わせます。

b) ぬるま湯と溶かしたバターを乾燥材料に加えます。生地がまとまるまでかき混ぜます。

c) 生地を軽く小麦粉をまぶした台に移し、滑らかで弾力性があるまで約 5～7 分間こねます。

d) 生地をボウルに戻し、清潔な布巾をかけて暖かい場所で約 1 時間、または 2 倍の大きさになるまで発酵させます。

e) オーブンを 400°F (200°C) に予熱します。天板にクッキングシートを敷きます。

f) 生地を 8 等分します。それぞれの部分を丸めて、長さ約 20 インチの長いロープにします。

g) 各ロープの端を互いに交差させ、下部のカーブに押し付けて、プレッツェルの形に成形します。残りの生地でも繰り返します。

h) 準備したベーキングシートの上に成形したプレッツェルを置きます。粗塩をふりかける。

i) 予熱したオーブンで約 15～18 分間、またはきつね色になるまで焼きます。

j) オーブンから取り出し、少し冷ましてからお召し上がりください。

49.オールドカントリーバターミルクプレッツェル

材料：
- 中力粉 3 カップ
- 砂糖 大さじ 1
- インスタントイースト 小さじ 2 1/4
- 塩 小さじ 1
- バターミルク 1 カップ
- 溶かした無塩バター 1/4 カップ
- ふりかけ用粗塩

説明書：
ボウルに小麦粉、砂糖、インスタントイースト、塩を入れて混ぜます。

バターミルクと溶かしたバターを乾燥材料に加えます。生地がまとまるまでかき混ぜます。

生地を軽く小麦粉をまぶした台に移し、滑らかで弾力性があるまで約 5〜7 分間こねます。

生地をボウルに戻し、清潔な布巾をかけて暖かい場所で約 1 時間、または 2 倍の大きさになるまで発酵させます。

オーブンを 425°F (220°C) に予熱します。天板にクッキングシートを敷きます。

生地を 12 等分します。それぞれの部分を丸めて、長さ約 20 インチの長いロープにします。

各ロープの端を互いに交差させ、下部のカーブに押し付けて、プレッツェルの形に成形します。残りの生地でも繰り返します。

準備したベーキングシートの上に成形したプレッツェルを置きます。粗塩をふりかける。

予熱したオーブンで約 12〜15 分間、またはきつね色になるまで焼きます。

オーブンから取り出し、少し冷ましてからお召し上がりください。

材料：

中力粉 2 1/4 カップ
塩 小さじ 1
砂糖 大さじ 1
インスタントイースト 小さじ 2 1/4
温水 1 カップ
重曹 大さじ 2
溶かした無塩バター 1/4 カップ
種を取ってみじん切りにしたオリーブ 1/4 カップ
ニンニク 2 片 (みじん切り)
ふりかけ用粗塩

説明書：

ボウルに小麦粉、塩、砂糖、インスタントイーストを入れて混ぜ合わせます。
ぬるま湯と溶かしたバターを乾燥材料に加えます。生地がまとまるまでかき混ぜます。
生地を軽く小麦粉をまぶした台に移し、滑らかで弾力性があるまで約 5〜7 分間こねます。
生地をボウルに戻し、清潔な布巾をかけて暖かい場所で約 1 時間、または 2 倍の大きさになるまで発酵させます。
オーブンを 425°F (220°C) に予熱します。天板にクッキングシートを敷きます。
生地を 12 等分します。それぞれの部分を丸めて、長さ約 20 インチの長いロープにします。
小さなボウルに、みじん切りのオリーブとみじん切りのニンニクを入れて混ぜます。
生地の各ロープを少し平らにし、スプーン一杯のオリーブとニンニクの混合物を生地の長さに沿って広げます。
生地をロープ状に巻き戻し、両端を交差させて底部のカーブに押し付けてプレッツェルの形を作ります。残りの生地でも繰り返します。

準備したベーキングシートの上に成形したプレッツェルを置きます。粗塩をふりかける。

予熱したオーブンで約 **12〜15** 分間、またはきつね色になるまで焼きます。

オーブンから取り出し、少し冷ましてからお召し上がりください。

材料：
- プレッツェル ロッドまたはプレッツェル ツイスト
- ギリシャヨーグルト (プレーンまたはフレーバー)
- ふりかけまたは色砂糖 (お好みで)

説明書：
a) 天板にクッキングシートを敷きます。

b) プレッツェルをギリシャヨーグルトに浸し、半分コーティングします。

c) 用意しておいた天板にヨーグルトをまぶしたプレッツェルを置きます。

d) 必要に応じて、ヨーグルトのコーティングの上にスプリンクルまたは色付きの砂糖を振りかけます。

e) ベーキングシートを冷蔵庫に約 30 分間、またはヨーグルトが固まるまで置きます。

f) 固まったらヨーグルトをまぶしたプレッツェルをお弁当箱に詰めます。

チュロス

52.基本のチュロス

材料 :
- バターまたはマーガリン 1/4 カップ、
- 小さく切り分ける
- 塩 小さじ 1/8
- 中力粉、ふるいにかけた 1 1/4 カップ
- 卵 3 個
- バニラエッセンス 小さじ 1/4
- 揚げ物用サラダ油
- シナモン 小さじ 1/2
- 砂糖 1/2 カップ

説明書 :

a) 中型の鍋にバターと水 1/2 カップを入れて混ぜます。バターが溶けるまで弱火でかき混ぜます。沸騰させるだけです。塩を加えて火から下ろします。

b) 小麦粉を一度に加えます。木のスプーンで非常に強く叩きます。弱火にかけ、非常に滑らかになるまで約 2 分間混ぜます。暑さから削除; 少し冷まします。卵を一度に 1 つずつ加え、加えるたびによく混ぜます。バニラを加えます。

c) 混合物にサテンのような光沢が出るまで混ぜ続けます。

d) その間に、深いフライパンまたは天ぷら鍋で、サラダ油（少なくとも 1-1/2 インチ）を天ぷら用温度計で 380*F までゆっくり加熱します。幅 1/2 インチの大きな溝付きチップを備えた大きな絞り袋にドーナツ混合物を押し込みます。熱い油に落としながら、濡れたハサミで生地を 2 インチの長さに切ります。

e) 一度に数個ずつ、片面 2 分ずつ、またはきつね色になるまで揚げます。穴付きスプーンで持ち上げて取り出します。ペーパータオルの上でよく水気を切ります。

f) その間にシナモンと砂糖を中くらいのボウルに入れて混ぜます。水気を切ったドーナツを砂糖混合物に入れてよくコーティングします。温かいうちにお召し上がりください。

53.シナモンチュロス

材料 :

● バター 1/4 カップ
● 砂糖 1 カップ
● 砂糖 大さじ 1
● ホワイトコーンミール 1/2 カップ
● 小麦粉 1/2 カップ
● 大きめの卵 3 個ずつ
● シナモン 小さじ 2

説明書 :

a) 中型の鍋にバター、砂糖大さじ 1、塩小さじ 1/2、水 1 カップを加えて沸騰するまで加熱します。鍋を火から下ろします。すぐにコーンミールと小麦粉を一度に加えます。弱火で、

b) 絶えずかき混ぜながら、生地がボール状になるまで混合物を約 1 分間調理します。卵を一度に 1 つずつ加え、加えるたびに生地が滑らかになるまで激しく混ぜます。ベーキングシートにペーパータオルを敷きます。

c) 紙袋または大きなボウルに残りの砂糖とシナモンを混ぜます。深くて重いフライパンまたはダッチオーブンにサラダ油を 3 インチ入れて 375°F に加熱します。生地をスプーン 6 番の口金を付けた絞り袋に入れます。5 インチの長さの生地を熱い油にパイプで入れます。

d) 両面がきつね色になるまで、片面約 1 分半ずつ揚げます。穴あきスプーンでチュロスを油から取り出し、ベーキングシートの上に置きます。まだ熱いうちに袋に入れ、シナモンシュガーミックスをまぶします。すぐに奉仕します。

材料：

- 小麦粉 2 カップ
- 砂糖 大さじ 2
- シナモン 小さじ 1
- 水 3 カップ
- エクストラバージンオリーブオイルプラス 1/4 カップ
- 3 カップ
- 上白糖 1/2 カップ

説明書：

a) 小麦粉、砂糖、シナモンを大きなミキシングボウルで混ぜ合わせます。6 クォートの鍋に水を入れ、1/4 カップの油を加えて急速に沸騰させます。小麦粉混合物を鍋に一気に入れ、火から下ろし、滑らかになるまでかき混ぜます。ラップで覆い、30 分冷まします。

b) 油を 375°F に加熱します。

c) 大きな 6〜8 ポイントのノズルが付いた絞り袋に生地を入れ、6 インチの長さの小片に熱した油の中に絞ります。両面がきつね色になるまで揚げます。

d) 取り出してペーパータオルの上で水気を切り、温かいうちに上白糖をまぶします。

材料：

● プランテン 3 本 -- 皮をむく
● レモン汁
● 卵 4 個
● 小麦粉 1/4 カップ
● 塩 小さじ 1/2

説明書：

a) バナナの皮をむき、縦に裂きます。それぞれを半分に切り、レモン汁に浸します。

b) 生地を作るには、卵黄をとろみがついて軽くなるまで混ぜます。

c) 小麦粉と塩を加えます。

d) 卵白を乾燥しないように堅くなるまで泡立て、卵黄に混ぜます。

e) 水気を切ったバナナを 1 本ずつ生地の中に入れます。

f) 穴付きスプーンで持ち上げ、重いフライパンの熱した油（油の深さ約 1 インチ）にそっと滑り込ませます。

g) 中火で焼き、すぐに裏返します。両面に焼き色がつくまで焼きます。

h) ペーパータオルの上で水気を切ります。

材料：
- 水 1 カップ
- 無塩バター 1/4 カップ
- グラニュー糖 大さじ 1
- 塩 小さじ 1/4
- 中力粉 1 カップ
- 1 つの大きい卵
- 植物油、揚げ物用
- コーティング用
- グラニュー糖 1/2 カップ
- シナモンパウダー 小さじ 3/4

説明書：

a) ボウルに薄力粉、塩、薄力粉を加えて泡立て器で混ぜる

b) フライパンにバターを入れて溶かし、水を加えて沸騰させる

c) 赤い食用色素を加えます。小麦粉混合物を加えます

d) 小麦粉を加えて火を中弱火に下げ、混合物がまとまり始めるまで木のスプーンで絶えずかき混ぜます。

e) 溶き卵の半量とミルを加えてよく混ぜます

f) 残りの溶き卵を加え、滑らかでよく混ざるまで混ぜます

g) 本格的なスペインのチュロスを作るには、スタートノズル付き絞り袋を使用するのが理想的です。絞り袋がなかったので、最後にビニールを切って即興で作りました。グラスを使って絞り袋を入れ、生地がいっぱいになるまで入れます。

h) 熱した油の中に生地を落とします。クッキングバサミを使ってお好みの長さにカットしてください

i) いくつかのチュロス生地を油に加え、黄金色でカリカリになるまで調理します。鍋に砂糖を入れ、シナモンを加えてよく混ぜる

j) チュロスをシュガーシナモン混合物に浸し、均一にコーティングされるまで転がします

k) 外はサクサク、中はふんわり柔らか

材料：
● 水1カップ
● 2オンス 無塩バター
● 高品質のパン粉1カップ
● 小さじ 3/4 塩
● 1つの大きい卵
● バニラ 小さじ1

説明書：
a) 鍋に水とバターを入れて沸騰させ、バターが完全に溶けていることを確認します。
b) 小麦粉と塩を水/バターと一緒に鍋に加え、火にかけ、小麦粉の塊が残らず生地がボール状になるまで激しく混ぜます。熱を取り除きます。
c) 熱い生地を標準的なミキサーボウルに入れ、パドルアタッチメントを低温で混ぜ、蒸気と生地を逃がします。
d) 生地から蒸気が出ている間に、別のボウルに卵とバニラを入れて混ぜます。
e) 卵混合物を生地に加え、ミキサーの速度を上げます。
f) 生地がミキサーの側面に張り付きすぎる場合は、ミキサーを停止し、側面をこすり落としてパドルでこすり、生地が滑らかになり、遊び生地のような粘稠度になるまで繰り返します。
g) 生地を冷蔵庫に入れて 10 分ほど冷やします。
h) 生地が冷めたら、おいしいチュロスの完成です。生地をサンディアブロチュロメーカーまたは絞り袋に入れ、後で使用するために冷蔵庫に保管します。
i) 約 2 インチの油を入れて、フライヤーまたはパンに油を 375°F/190°C に予熱します。
j) サン ディアブロ チュロ メーカーのノブをゆっくりと下にひねって、ノズルからチュロス生地を押し出します。または、チュロス生地を絞り袋に通して絞ります。必要な量の

チュロス生地をノズルから押し込んだ後、バターナイフまたは指で切り取ります。

k) 生のチュロスをそれぞれ熱い油にそっと入れます。お気をつけください！熱い油の飛び散りを避けるために、チュロスメーカーを垂直に傾け、熱い油の表面に近づける（ただし、近づきすぎないようにする）ことを強くお勧めします。

l) チュロスが熱い油で揚げられるのを観察し、必要に応じて金属製のトングで回転させて、チュロス全体を理想的な黄金色にカリカリにします（通常 3 ～ 4 分）。

m) 金属製のトングを使用して、熱した油またはエアフライヤーから熱々の新鮮なチュロス作品を取り出し、準備しておいた皿の上で冷まします。

n) チュロスが少し冷めてもまだ温かい後、お好みの量のサンディアブロ特製シナモン シュガーを振りかけます。

o) スクイズ ボトル、またはサン ディアブロの再利用可能な充填ボトルを使用して、ドゥルセ デ レーチェ、ヌテラ、またはスイート クリームを心ゆくまで詰めてください。

58.焼きチュロス

材料：
- 水 1 カップ (8 オンス/225g)
- バター 1/2 カップ (4 オンス/113g)
- バニラエッセンス 小さじ 1/2
- 砂糖 大さじ 2
- 塩 小さじ 1/4
- 薄力粉/中力粉 143g
- 卵 3 個（室温に戻しておく）

説明書：

a) オーブンを 400°F (200°C) に予熱します。クッキングシートに線を引く。脇に置きます。

b) 中くらいの鍋に、水、砂糖、塩、バターを加えます。

c) 中火にかけます。

d) バターが溶けて混合物が沸騰し始めるまで加熱します。

e) 沸騰したらすぐに小麦粉を入れて混ぜます。

f) 小麦粉のダマがなくなり、生地のボールが形成されるまで泡立てます。

g) 次に、木のスプーンを使って鍋の周りの生地をかき混ぜ、弱火で約 1 分間調理します。

h) 混合物が固まって側面から離れていきます

i) 木のスプーンを使って、卵混合物を少し生地に加えます。かき混ぜてマッシュし、生地が緩むまで砕きます。卵が溶けてマッシュポテトのような状態になるまでよくかき混ぜます。

j) 混ざるまで卵を加え続けます

k) これを行うには、袋に圧力をかけ、ハサミを使用してゆっくりとパイピングを切ります。

l) チュロスの間には約 2 インチのスペースを残します。

m) 約 18〜22 分間、またはきつね色になるまで焼きます。

n) その後、オーブンの電源を切り、10分間放置して少し乾燥させます。この手順により、形状を維持し、冷めた後も平らにならなくなります。

o) ちょっとだけやってみてください:)、それから火から下ろして脇に置きます。

p) 水差しに卵とバニラを入れて泡立てます。

q) 星型口金をつけた絞り袋に生地を移します。

r) クッキングシートを敷いた型に生地を絞り出し、長いチュロスを作ります。パイプはしっかりと太くするようにしてください。

s) 砂糖、シナモン、塩をジップロックの袋に入れて混ぜます。

t) チュロスをオーブンから取り出して、よく覆われるまで混ぜ合わせます。チュロスが温かくてオーブンから出したばかりのときにこれを行うのが最善です。

u) 自家製チュロスをお楽しみください。

59.チョコレートチュロス

材料：

水 1 カップ
砂糖 大さじ 2
塩 小さじ 1/2
植物油 大さじ 2
中力粉 1 カップ
揚げ物用植物油
粉砂糖 1/4 カップ (ふりかけ用)
チョコレートチップ 1/2 カップ
生クリーム 1/4 カップ

説明書：

鍋に水、砂糖、塩、植物油を入れて混ぜます。混合物を沸騰させます。
鍋を火から下ろし、小麦粉を加えます。混合物が生地のボールを形成するまでかき混ぜます。
深いフライパンまたは鍋に植物油を入れて中火で加熱します。
生地を星型の口金をつけた絞り袋に移します。
生地を熱した油に絞り、ナイフまたはハサミで 4~6 インチの長さに切ります。
時々返しながら、四面がきつね色になるまで揚げます。
チュロスを油から取り出し、ペーパータオルの上で水気を切ります。
チュロスに粉砂糖をまぶします。
電子レンジ対応のボウルにチョコチップと生クリームを入れて混ぜます。滑らかになるまでかき混ぜながら、30 秒間隔で電子レンジに加熱します。
チュロスをチョコレートソースにディップしてお召し上がりください。

60.キャラメル入りチュロス

材料：
水 1 カップ
砂糖 大さじ 2
塩 小さじ 1/2
植物油 大さじ 2
中力粉 1 カップ
揚げ物用植物油
砂糖 1/4 カップ（コーティング用）
シナモンパウダー 小さじ 1（コーティング用）
完成したカラメルソース

説明書：

鍋に水、砂糖、塩、植物油を入れて混ぜます。混合物を沸騰させます。

鍋を火から下ろし、小麦粉を加えます。混合物が生地のボールを形成するまでかき混ぜます。

深いフライパンまたは鍋に植物油を入れて中火で加熱します。

生地を星型の口金をつけた絞り袋に移します。

生地を熱した油に絞り、ナイフまたはハサミで 4〜6 インチの長さに切ります。

時々返しながら、四面がきつね色になるまで揚げます。

チュロスを油から取り出し、ペーパータオルの上で水気を切ります。

別のボウルに砂糖とシナモンを入れて混ぜます。チュロスをシナモンシュガー混合物の中でコーティングされるまで転がします。

注射器または絞り袋を使用して、準備したキャラメルソースをチュロスに注ぎます。

キャラメルたっぷりのチュロスを温めてお召し上がりください。

61.パンプキンスパイスチュロス

材料：
水 1 カップ
砂糖 大さじ 2
塩 小さじ 1/2
植物油 大さじ 2
中力粉 1 カップ
パンプキンスパイスミックス 小さじ 1
揚げ物用植物油
砂糖 1/4 カップ (コーティング用)
シナモンパウダー 小さじ 1 (コーティング用)

説明書：

鍋に水、砂糖、塩、植物油を入れて混ぜます。混合物を沸騰させます。
鍋を火から下ろし、小麦粉とカボチャのスパイスミックスを加えます。混合物が生地のボールを形成するまでかき混ぜます。
深いフライパンまたは鍋に植物油を入れて中火で加熱します
生地を星型の口金をつけた絞り袋に移します。
生地を熱した油に絞り、ナイフまたはハサミで 4〜6 インチの長さに切ります。
時々返しながら、四面がきつね色になるまで揚げます。
チュロスを油から取り出し、ペーパータオルの上で水気を切ります。
別のボウルに砂糖とシナモンを入れて混ぜます。チュロスをシナモンシュガー混合物の中でコーティングされるまで転がします。
パンプキンスパイスのチュロスを温め、粉砂糖をまぶしてお召し上がりください。

材料：
水 1 カップ
砂糖 大さじ 2
塩 小さじ 1/2
植物油 大さじ 2
グルテンフリーの中力粉 1 カップ
揚げ物用植物油
砂糖 1/4 カップ（コーティング用）
シナモンパウダー 小さじ 1（コーティング用）

説明書：

鍋に水、砂糖、塩、植物油を入れて混ぜます。混合物を沸騰させます。

鍋を火から下ろし、グルテンフリーの中力粉を加えます。混合物が生地のボールを形成するまでかき混ぜます。

深いフライパンまたは鍋に植物油を入れて中火で加熱します。

生地を星型の口金をつけた絞り袋に移します。

生地を熱した油に絞り、ナイフまたはハサミで 4～6 インチの長さに切ります。

時々返しながら、四面がきつね色になるまで揚げます。

チュロスを油から取り出し、ペーパータオルの上で水気を切ります。

別のボウルに砂糖とシナモンを入れて混ぜます。チュロスをシナモンシュガー混合物の中でコーティングされるまで転がします。

グルテンフリーのチュロスをお好みのディップソースと一緒に温めてお召し上がりください。

材料:
水 1 カップ
砂糖 大さじ 2
塩 小さじ 1/2
植物油 大さじ 2
中力粉 1 カップ
揚げ物用植物油
砂糖 1/4 カップ (コーティング用)
シナモンパウダー 小さじ 1 (コーティング用)
ヌテラ (または他のチョコレートとヘーゼルナッツのスプレッド)

説明書:
鍋に水、砂糖、塩、植物油を入れて混ぜます。混合物を沸騰させます。
鍋を火から下ろし、小麦粉を加えます。混合物が生地のボールを形成するまでかき混ぜます。
深いフライパンまたは鍋に植物油を入れて中火で加熱します。
生地を星型の口金をつけた絞り袋に移します。
生地を熱した油に絞り、ナイフまたはハサミで 4〜6 インチの長さに切ります。
時々返しながら、四面がきつね色になるまで揚げます。
チュロスを油から取り出し、ペーパータオルの上で水気を切ります。
別のボウルに砂糖とシナモンを入れて混ぜます。チュロスをシナモンシュガー混合物の中でコーティングされるまで転がします。
注射器または絞り袋を使用して、ヌテラまたはチョコレートヘーゼルナッツスプレッドをチュロスに詰めます。
ヌテラを詰めたチュロスを温かいうちにお召し上がりください。

64.チュロスアイスクリームサンドイッチ

材料：
水 1 カップ
砂糖 大さじ 2
塩 小さじ 1/2
植物油 大さじ 2
中力粉 1 カップ
揚げ物用植物油
砂糖 1/4 カップ（コーティング用）
シナモンパウダー 小さじ 1（コーティング用）
お好みのアイスクリーム

説明書：
鍋に水、砂糖、塩、植物油を入れて混ぜます。混合物を沸騰させます。
鍋を火から下ろし、小麦粉を加えます。混合物が生地のボールを形成するまでかき混ぜます。
深いフライパンまたは鍋に植物油を入れて中火で加熱します。
生地を星型の口金をつけた絞り袋に移します。
生地を熱した油に絞り、ナイフまたはハサミで 4〜6 インチの長さに切ります。
時々返しながら、四面がきつね色になるまで揚げます。
チュロスを油から取り出し、ペーパータオルの上で水気を切ります。
別のボウルに砂糖とシナモンを入れて混ぜます。チュロスをシナモンシュガー混合物の中でコーティングされるまで転がします。
チュロスは少し冷まします。
チュロスを水平にスライスし、2 つの半分の間にアイスクリームを挟みます。
すぐにチュロスアイスクリームサンドイッチを提供します。

65.ドゥルセ デ レチェ チュロス

材料：
水 1 カップ
砂糖 大さじ 2
塩 小さじ 1/2
植物油 大さじ 2
中力粉 1 カップ
揚げ物用植物油
砂糖 1/4 カップ（コーティング用）
シナモンパウダー 小さじ 1（コーティング用）
準備されたドゥルセ・デ・レーチェ

説明書：

鍋に水、砂糖、塩、植物油を入れて混ぜます。混合物を沸騰させます。

鍋を火から下ろし、小麦粉を加えます。混合物が生地のボールを形成するまでかき混ぜます。

深いフライパンまたは鍋に植物油を入れて中火で加熱します。

生地を星型の口金をつけた絞り袋に移します。

生地を熱した油に絞り、ナイフまたはハサミで 4〜6 インチの長さに切ります。

時々返しながら、四面がきつね色になるまで揚げます。

チュロスを油から取り出し、ペーパータオルの上で水気を切ります。

別のボウルに砂糖とシナモンを入れて混ぜます。チュロスをシナモンシュガー混合物の中でコーティングされるまで転がします。

チュロスをディップ用に準備されたドゥルセ・デ・レーチェと一緒にお召し上がりください。

66.抹茶チュロス

材料：
水 1 カップ
砂糖 大さじ 2
塩 小さじ 1/2
植物油 大さじ 2
中力粉 1 カップ
抹茶パウダー 大さじ 1
揚げ物用植物油
砂糖 1/4 カップ（コーティング用）
説明書：

鍋に水、砂糖、塩、植物油を入れて混ぜます。混合物を沸騰させます。
鍋を火から下ろし、小麦粉と抹茶パウダーを加えます。混合物が生地のボールを形成するまでかき混ぜます。
深いフライパンまたは鍋に植物油を入れて中火で加熱します。
生地を星型の口金をつけた絞り袋に移します。
生地を熱した油に絞り、ナイフまたはハサミで 4～6 インチの長さに切ります。
時々返しながら、四面がきつね色になるまで揚げます。
チュロスを油から取り出し、ペーパータオルの上で水気を切ります。
別のボウルに砂糖と抹茶パウダーを入れて混ぜます。チュロスを抹茶シュガー混合物の中でコーティングされるまで転がします。
抹茶チュロスは温めてお召し上がりください。

67.レッドベルベットチュロス

材料：
水 1 カップ
砂糖 大さじ 2
塩 小さじ 1/2
植物油 大さじ 2
中力粉 1 カップ
ココアパウダー 大さじ 1
赤い食用色素
揚げ物用植物油
粉砂糖 1/4 カップ（ふりかけ用）
クリームチーズフロスティング（ディップ用）

説明書：
鍋に水、砂糖、塩、植物油を入れて混ぜます。混合物を沸騰させます。
鍋を火から下ろし、小麦粉、ココアパウダー、赤色の食品着色料を加えます。混合物が生地のボールを形成し、希望の赤色になるまでかき混ぜます。
深いフライパンまたは鍋に植物油を入れて中火で加熱します。
生地を星型の口金をつけた絞り袋に移します。
生地を熱した油に絞り、ナイフまたはハサミで 4〜6 インチの長さに切ります。
時々返しながら、四面がきつね色になるまで揚げます。
チュロスを油から取り出し、ペーパータオルの上で水気を切ります。
チュロスに粉砂糖をまぶします。
温かいレッドベルベットチュロスにクリームチーズフロスティングを添えてディップしてお召し上がりください。

68.チュロスバイツ

材料：
水 1 カップ
砂糖 大さじ 2
塩 小さじ 1/2
植物油 大さじ 2
中力粉 1 カップ
揚げ物用植物油
砂糖 1/4 カップ（コーティング用）
シナモンパウダー 小さじ 1（コーティング用）

説明書：
鍋に水、砂糖、塩、植物油を入れて混ぜます。混合物を沸騰させます。
鍋を火から下ろし、小麦粉を加えます。混合物が生地のボールを形成するまでかき混ぜます。
深いフライパンまたは鍋に植物油を入れて中火で加熱します。
生地を星型の口金をつけた絞り袋に移します。
一口大の小さな生地を熱い油に絞ります。
時々返しながら、四面がきつね色になるまで揚げます。
チュロスバイトを油から取り出し、ペーパータオルの上で水気を切ります。
別のボウルに砂糖とシナモンを入れて混ぜます。チュロスバイトをシナモンシュガー混合物にコーティングされるまで混ぜます。
チュロスは温かいうちにお召し上がりください。

69.レモンチュロス

材料：
水 1 カップ
砂糖 大さじ 2
塩 小さじ 1/2
植物油 大さじ 2
中力粉 1 カップ
レモンの皮 1 個
揚げ物用植物油
砂糖 1/4 カップ (コーティング用)
シナモンパウダー 小さじ 1 (コーティング用)
レモングレーズ (粉砂糖とレモン汁で作る)

説明書：
鍋に水、砂糖、塩、植物油を入れて混ぜます。混合物を沸騰させます。
鍋を火から下ろし、小麦粉とレモンの皮を加えます。混合物が生地のボールを形成するまでかき混ぜます。
深いフライパンまたは鍋に植物油を入れて中火で加熱します。
生地を星型の口金をつけた絞り袋に移します。
生地を熱した油に絞り、ナイフまたはハサミで 4~6 インチの長さに切ります。
時々返しながら、四面がきつね色になるまで揚げます。
チュロスを油から取り出し、ペーパータオルの上で水気を切ります。
別のボウルに砂糖とシナモンを入れて混ぜます。チュロスをシナモンシュガー混合物の中でコーティングされるまで転がします。
チュロスの上にレモングレーズをかけます。
レモンチュロスは温めてお召し上がりください。

材料：
水 1 カップ
砂糖 大さじ 2
塩 小さじ 1/2
植物油 大さじ 2
中力粉 1 カップ
ココナッツの細切り 1/2 カップ
揚げ物用植物油
砂糖 1/4 カップ（コーティング用）
シナモンパウダー 小さじ 1（コーティング用）

説明書：
鍋に水、砂糖、塩、植物油を入れて混ぜます。混合物を沸騰させます。
鍋を火から下ろし、小麦粉と刻んだココナッツを加えます。混合物が生地のボールを形成するまでかき混ぜます。
深いフライパンまたは鍋に植物油を入れて中火で加熱します。
生地を星型の口金をつけた絞り袋に移します。
生地を熱した油に絞り、ナイフまたはハサミで 4〜6 インチの長さに切ります。
時々返しながら、四面がきつね色になるまで揚げます。
チュロスを油から取り出し、ペーパータオルの上で水気を切ります。
別のボウルに砂糖とシナモンを入れて混ぜます。チュロスをシナモンシュガー混合物の中でコーティングされるまで転がします。
ココナッツチュロスは温かいうちにお召し上がりください。

71.チュロスワッフル

材料：
水 1 カップ
砂糖 大さじ 2
塩 小さじ 1/2
植物油 大さじ 2
中力粉 1 カップ
揚げ物用植物油
砂糖 1/4 カップ（コーティング用）
シナモンパウダー 小さじ 1（コーティング用）
ワッフル生地（パッケージの指示に従って準備）

説明書：
鍋に水、砂糖、塩、植物油を入れて混ぜます。混合物を沸騰させます。
鍋を火から下ろし、小麦粉を加えます。混合物が生地のボールを形成するまでかき混ぜます。
深いフライパンまたは鍋に植物油を入れて中火で加熱します。
生地を星型の口金をつけた絞り袋に移します。
生地を熱した油に絞り、ナイフまたはハサミで 4〜6 インチの長さに切ります。
時々返しながら、四面がきつね色になるまで揚げます。
チュロスを油から取り出し、ペーパータオルの上で水気を切ります。
別のボウルに砂糖とシナモンを入れて混ぜます。チュロスをシナモンシュガー混合物の中でコーティングされるまで転がします。
ワッフルアイロンを予熱し、パッケージの指示に従ってワッフル生地を準備します。
アイロン上の各ワッフル部分の中央にチュロスを置き、チュロスの上に生地を注ぎます。
ワッフルアイロンを閉じて、ワッフルがきつね色になるまで焼きます。
チュロスワッフルは温かいうちにお召し上がりください。

72.ストロベリーチーズケーキチュロス

材料：
水 1 カップ
砂糖 大さじ 2
塩 小さじ 1/2
植物油 大さじ 2
中力粉 1 カップ
揚げ物用植物油
砂糖 1/4 カップ（コーティング用）
シナモンパウダー 小さじ 1（コーティング用）
ストロベリーチーズケーキフィリング（市販品または市販品）

説明書：
鍋に水、砂糖、塩、植物油を入れて混ぜます。混合物を沸騰させます。
鍋を火から下ろし、小麦粉を加えます。混合物が生地のボールを形成するまでかき混ぜます。
深いフライパンまたは鍋に植物油を入れて中火で加熱します。
生地を星型の口金をつけた絞り袋に移します。
生地を熱した油に絞り、ナイフまたはハサミで 4～6 インチの長さに切ります。
時々返しながら、四面がきつね色になるまで揚げます。
チュロスを油から取り出し、ペーパータオルの上で水気を切ります。
別のボウルに砂糖とシナモンを入れて混ぜます。チュロスをシナモンシュガー混合物の中でコーティングされるまで転がします。
注射器または絞り袋を使用して、チュロスにストロベリーチーズケーキの詰め物を詰めます。
ストロベリーチーズケーキチュロスは温めてお召し上がりください。

ペストリーツイスト

材料：
パイ生地 1 パック
溶かしたバター 大さじ 2
グラニュー糖 1/4 カップ
粉末シナモン 小さじ 1
説明書：

オーブンを 200℃（400°F）に予熱し、ベーキングシートに
クッキングシートを敷きます。

パイ生地をパッケージの指示に従って解凍します。

パイシートを伸ばして薄く切ります。

各ストリップをひねって、準備したベーキングシートの上に
置きます。

小さなボウルにグラニュー糖と粉シナモンを入れて混ぜま
す。

溶かしたバターをねじった生地の上に刷毛で塗ります。

シナモンシュガー混合物をツイストの上に均等に振りかけま
す。

12～15 分間、または膨らみきつね色になるまで焼きます。温
かいうちにお召し上がりください。

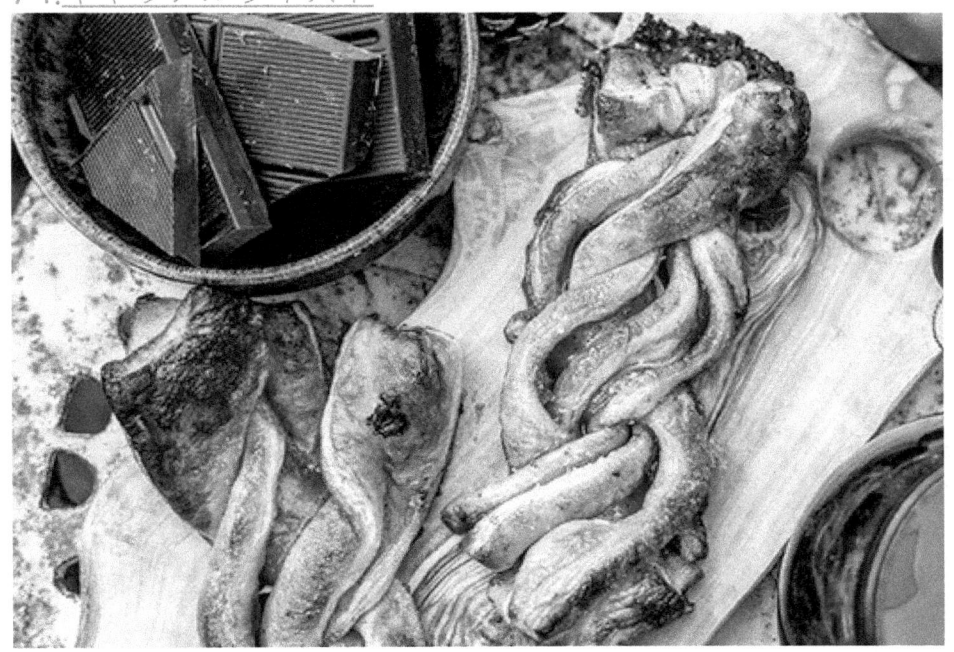

材料：
解凍した冷凍パイ生地 1 パッケージ (17.3 オンス)
グラニュー糖 1 カップ
無塩バター 1/2 カップ
生クリーム 1/4 カップ
バニラエッセンス 小さじ 1
塩 小さじ 1/4

説明書：

オーブンを 200℃（400°F）に予熱し、ベーキングシートに
クッキングシートを敷きます。

軽く打ち粉をした表面でパイ生地を長方形に伸ばします。

鍋にグラニュー糖、バター、生クリーム、バニラエッセン
ス、塩を入れて混ぜます。砂糖が溶けて混合物が泡立ち始め
るまで中強火で加熱します。

丸めたパイ生地の上にカラメルソースを注ぎ、均等に広げま
す。

ペストリーを幅約 1/2 インチの薄いストリップに切ります。

各ストリップを軽くひねり、準備したベーキングシートの上
に置きます。
12〜15 分間、またはきつね色になって膨らむまで焼きます。
お召し上がりになる前に、ツイストを冷ましてください。

75.オーストリアンツイスト

材料：
解凍したパイ生地 2 枚
溶かした無塩バター 1/2 カップ
グラニュー糖 1/2 カップ
シナモンパウダー 大さじ 1
打ち粉用の粉砂糖
説明書：

オーブンを 190℃（375°F）に予熱し、ベーキングシートに
クッキングシートを敷きます。

軽く小麦粉をまぶした表面でパイ生地シートを伸ばします。
溶かしたバターを各シートに均等に塗ります。
小さなボウルにグラニュー糖と挽いたシナモンを入れて混ぜ
ます。
シナモンとシュガーの混合物をバターを塗ったペストリー
シートの上に振りかけます。

各パイシートを縦半分に折ります。

各シートを 1 インチのストリップに切ります。

各ストリップを軽くひねり、準備したベーキングシートの上
に置きます。

15〜20 分間、またはきつね色になるまで焼きます。

ツイストを少し冷ましてから、粉砂糖をまぶします。

76.ピザツイスト

材料 :
- 解凍したパイ生地 1 枚
- ピザソース 1/2 カップ
- 細切りモッツァレラチーズ 1 カップ
- スライスペパロニ 1/4 カップ
- 乾燥オレガノ 小さじ 1
- ガーリックパウダー 小さじ 1/4
- 赤唐辛子フレーク 小さじ 1/4 (お好みで)

説明書 :
a) オーブンを 200℃ (400°F) に予熱し、ベーキングシートにクッキングシートを敷きます。
b) 軽く打ち粉をした表面でパイシートを長方形に伸ばします。
c) ピザソースをペストリーシートの上に均等に広げ、端の周りに小さな境界線を残します。
d) 細切りモッツァレラチーズ、スライスペパロニ、乾燥オレガノ、ガーリックパウダー、レッドペッパーフレーク (使用する場合) をソースの上に振りかけます。
e) パイシートを縦半分に折り、端を押して密閉します。
f) 折りたたんだペストリーを 1 インチのストリップに切ります。
g) 各ストリップを軽くひねり、準備したベーキングシートの上に置きます。
h) 15 ～ 20 分間、またはペストリーがきつね色になり、チーズが溶けて泡立つまで焼きます。
i) お召し上がりになる前に、ツイストを少し冷ましてください。

材料：
- 中力粉 2 1/2 カップ
- 柔らかくした無塩バター 1/2 カップ
- グラニュー糖 1/2 カップ
- アニスエキス 小さじ 2
- ベーキングパウダー 小さじ 1/2
- 塩 小さじ 1/4
- 卵 1 個
- ふりかけ用パールシュガー（お好みで）

説明書：
a) オーブンを 190℃（375°F）に予熱し、ベーキングシートにクッキングシートを敷きます。
b) 大きめのミキシングボウルに、柔らかくしたバター、グラニュー糖、アニスエキスを軽くふわふわになるまでクリーム状に混ぜます。
c) 別のボウルに小麦粉、ベーキングパウダー、塩を入れて混ぜ合わせます。
d) 乾燥材料をバター混合物に徐々に加え、加えるたびによく混ぜます。
e) 生地がまとまるまで卵を混ぜます。
f) 生地を小さな部分に分割し、各部分を長さ約 8 インチの長いロープに丸めます。
g) 各ロープを「S」字型にねじり、用意したベーキングシートの上に置きます。
h) （必要に応じて）ツイストの上にパールシュガーを振りかけます。
i) 10～12 分間、または端が軽く黄金色になるまで焼きます。
j) お召し上がりになる前に、ツイストが完全に冷めるまで待ってください。

78.ヌテラ ペストリー ツイスト

材料:

● 17.3 オンスのパッケージの冷凍パイ生地、解凍済みですが冷たい
● 小麦粉、作業面の散布用
● ヌテラ1カップ
● 1つの大きい卵
● 粗いサンディングシュガー、オプション

説明書:

a) オーブンを350度に予熱します。

b) 天板にクッキングシートを敷き、クッキングスプレーで軽く油を塗ります。

c) 軽く打ち粉をした作業台の上にパイ生地を1枚広げます。麺棒を使用して、生地を軽く丸め、折り目を閉じます。

d) 平らにしたパイ生地の上にヌテラを広げます。

e) パイ生地の2枚目を平らにし、1枚目の上に置きます。

f) 生地を1インチ幅のストリップに切り、各ストリップをねじってベーキングシートの上に置きます。

g) 小さなボウルに卵を入れて泡立て、ブラシでツイストの上に塗ります。

h) 必要に応じて、ツイストにサンディングシュガーを振りかけます。

i) きつね色になるまで15〜18分間焼きます。

j) オーブンからツイストを取り出し、ベーキングシートの上で少なくとも5分間冷まします。

材料：
- 市販のパイ生地 1 箱
- シナモン 小さじ 1/2
- 砂糖 小さじ 1/2
- 黒ごま 小さじ 1/2
- 塩、ひとつまみ
- すりおろしたパルメザンチーズ 大さじ 2

説明書：
a) 生地を作業台に置きます。
b) 小さなボウルにチーズ、砂糖、塩、ゴマ、シナモンを入れて混ぜます。
c) この混合物を生地の両面に押し付けます。
d) 次に、ペストリーを 1 インチ x 3 インチのストリップに切ります。
e) 各ストリップを 2 回ねじってから、平らな場所に置きます。
f) エアフライヤーのバスケットに移します。
g) 400°F で 10 分間エアフライモードを選択します。
h) 調理したら、お召し上がりください。

材料：
- 市販のパイ生地 1 箱
- レモンの皮 小さじ 1/2
- レモン汁 大さじ 1
- ブラウンシュガー 小さじ 2
- 塩、ひとつまみ
- おろしたてのパルメザンチーズ 大さじ 2

説明書：s

a) パイ生地を清潔な作業場所に置きます。

b) ボウルにパルメザンチーズ、ブラウンシュガー、塩、レモンの皮、レモン汁を入れて混ぜます。

c) この混合物を生地の両面に押し付けます。

d) 次に、ペストリーを 1 インチ x 4 インチのストリップに切ります。

e) 各ストリップをねじります。

f) エアフライヤーのバスケットに移します。

g) 400°F で 9～10 分間エアフライモードを選択します。

h) 調理したら、お召し上がりください。

81.チーズとハムのツイスト

材料:
● 解凍したパイ生地 1 枚
● シュレッドチェダーチーズ 1/2 カップ
● 角切りハム 1/2 カップ
● 卵 1 個（溶きほぐす）

説明書:
a) オーブンを 400°F (200℃) に予熱します。
b) 軽く打ち粉をした表面で、パイ生地を約 1/4 インチの厚さに伸ばします。
c) シュレッドチェダーチーズと角切りハムをパイ生地の上に均等に振りかけます。
d) パイ生地を 12 等分に切ります。
e) 各ストリップを数回ひねり、クッキングシートを敷いた天板の上に置きます。
f) 各ひねりに溶き卵を塗ります。
g) きつね色になるまで 15〜20 分間焼きます。
h) 温かいうちにお召し上がりください。

82.チョコレートとヘーゼルナッツのツイスト

材料:
- 解凍したパイ生地1枚
- ヌテラまたはチョコレートヘーゼルナッツスプレッド 1/4 カップ
- 刻んだヘーゼルナッツ 1/4 カップ
- 卵1個（溶きほぐす）

説明書:
a) オーブンを 400°F (200℃) に予熱します。

b) 軽く打ち粉をした表面で、パイ生地を約 1/4 インチの厚さに伸ばします。

c) ヌテラまたはチョコレートヘーゼルナッツをパイ生地の上に広げます。

d) 刻んだヘーゼルナッツをスプレッドの上に振りかけます。

e) パイ生地を幅約1インチの細片に切ります。

f) 各ストリップを数回ひねり、クッキングシートを敷いた天板の上に置きます。

g) 各ひねりに溶き卵を塗ります。

h) きつね色になるまで 20〜25 分間焼きます。

i) 温かいうちにお召し上がりください。

材料：

- マスカルポーネ 200 グラム
- カルーア 大さじ 2、グレーズ用の追加
- 上白糖 大さじ 2
- オールバターパイ生地 1 枚
- ダークチョコレート 30 グラム (分割)

説明書：

a) 小さなミキシングボウルで、マスカルポーネを柔らかくなるまで混ぜます。カルーアを加え、完全に混ざったら砂糖を加えて混ぜます。パイシートシートを短辺を手前にして置きます。ティラミスフィリングをシートの上に均等に広げます。

b) ピザカッターまたは鋭利なナイフを使用して、ペストリーを縦に 8 本の長いストリップに切ります。20 グラムのダークチョコレートをフィリングの上にすりおろします。一度に 1 つのトルサードを操作し、自分から一番遠い端をつかみ、半分に折り、その上に重ねます。

c) 焦げ付き防止シートまたは裏打ちされたベーキングシートに移し、2 回ひねって置きます。下の端を軽く押して閉じ、残りの部分も繰り返して 1 時間冷やします。

d) オーブンを 200C / 180C のファンで予熱します。ペストリーを 1 時間冷やした後、カルーアを軽く刷毛で塗り、残りのチョコレートを細かくまぶします。

e) よく発酵してきつね色になるまで 15 分間焼きます。

f) ワイヤーラックに移して冷やすか、温かいままお召し上がりください。

84.ガーリックパルメザンツイスト

材料：

- 冷蔵ピザ生地 1 パック
- 溶かしたバター 大さじ 2
- ニンニク 2 片 (みじん切り)
- すりおろしたパルメザンチーズ 1/4 カップ
- 乾燥イタリアンシーズニング 小さじ 1

説明書：

a) オーブンを 190℃ (375°F) に予熱し、ベーキングシートにクッキングシートを敷きます。

b) ピザ生地を伸ばして薄く切ります。

c) 各ストリップをひねって、準備したベーキングシートの上に置きます。

d) 小さなボウルに、溶かしたバターと刻んだニンニクを混ぜます。

e) ガーリックバター混合物をねじった生地の上に刷毛で塗ります。

f) パルメザンチーズとイタリアンシーズニングをツイストの上に均等に振りかけます。

g) 12～15 分間、またはきつね色になるまで焼きます。温かいうちにお召し上がりください。

85.ハラペーニョチェダーツイスト

材料：
冷蔵三日月ロール生地 1 パック
シュレッドチェダーチーズ 1 カップ
ハラペーニョ 2 個 (種を取り除いて細かく刻む)
溶かしたバター 1/4 カップ
ガーリックパウダー 小さじ 1/2
パプリカ 小さじ 1/4
説明書：

オーブンを 190℃ (375℉) に予熱し、ベーキングシートに
クッキングシートを敷きます。

三日月型ロール生地を広げ、三角形に分けます。

シュレッドチェダーチーズと刻んだハラペーニョを各三角形
の上に均等に振りかけます。

三角形を広い端から巻き上げ、軽くひねって詰め物を固定し
ます。

準備したベーキングシートの上にツイストロールを置きま
す。

小さなボウルに、溶かしたバター、ガーリックパウダー、パ
プリカを入れて混ぜます。

バター混合物をツイストロールの上に刷毛で塗ります。

12～15 分間、またはロールが黄金色になりチーズが溶けるま
で焼きます。温かいうちにお召し上がりください。

86.バッファローチキンツイスト

材料：
● 細切りにした調理済み鶏肉 2 カップ
● バッファローソース 1/2 カップ
● 砕いたブルーチーズ 1/4 カップ
● みじん切りネギ 大さじ 2
● 冷蔵ピザ生地 1 パック

説明書：
a) オーブンを 190℃（375°F）に予熱し、ベーキングシートにクッキングシートを敷きます。
b) ボウルに、細切りにした鶏肉とバッファローソースをよくコーティングされるまで混ぜ合わせます。
c) ピザ生地を伸ばして薄く切ります。
d) 各ストリップをひねって、準備したベーキングシートの上に置きます。
e) バッファローチキンの混合物を少量ずつスプーンで各ひねりに加えます。
f) 砕いたブルーチーズと刻んだネギをツイストの上に振りかけます。
g) 12～15 分間、またはツイストが黄金色になり、フィリングに火が通るまで焼きます。温かいうちにお召し上がりください。

87.ペストとドライトマトのツイスト

材料：

- パイ生地 1 パック
- ペストソース 1/4 カップ
- みじん切りにしたサンドライトマト（オイル漬け） 1/4 カップ
- すりおろしたパルメザンチーズ 1/4 カップ
- 溶き卵 1 個（卵洗い用）

説明書：

a) オーブンを 200℃（400°F）に予熱し、ベーキングシートにクッキングシートを敷きます。

b) パイ生地をパッケージの指示に従って解凍します。

c) パイシートを伸ばして薄く切ります。

d) 各ストリップに沿ってペストソースの薄い層を広げます。

e) 刻んだサンドライトマトとすりおろしたパルメザンチーズを各ストリップの上に振りかけます。

f) 各ストリップを軽くひねり、用意したベーキングシートの上に置きます。

g) ツイスト部分に溶き卵を刷毛で塗ると、光沢のある仕上がりになります。

h) 12〜15 分間、または膨らみきつね色になるまで焼きます。温かいうちにお召し上がりください。

材料：

- 冷蔵三日月ロール生地 1 パック
- 冷凍ほうれん草 1 カップ（解凍して余分な水分を絞る）
- 砕いたフェタチーズ 1/2 カップ
- すりおろしたパルメザンチーズ 大さじ 2
- ガーリックパウダー 小さじ 1/4
- 塩とコショウの味

説明書：

a) オーブンを 190℃（375°F）に予熱し、ベーキングシートにクッキングシートを敷きます。

b) 三日月型ロール生地を広げ、三角形に分けます。

c) ボウルにほうれん草、フェタチーズ、すりおろしたパルメザンチーズ、ガーリックパウダー、塩、コショウを入れて混ぜます。

d) ほうれん草とフェタチーズの混合物を少量ずつそれぞれの三角形にスプーンで注ぎます。

e) 三角形を広い端から巻き上げ、軽くひねって詰め物を密封します。

f) 準備したベーキングシートの上にツイストロールを置きます。

g) 12～15 分間、またはロールがきつね色になり、フィリングに火が通るまで焼きます。温かいうちにお召し上がりください。

89.BBQ プルドポークツイスト

材料：

- 調理済みプルドポーク 2 カップ
- バーベキューソース 1/2 カップ
- シュレッドチェダーチーズ 1/4 カップ
- 赤玉ねぎのみじん切り 1/4 カップ
- 冷蔵ピザ生地 1 パック

説明書：

a) オーブンを 190℃（375°F）に予熱し、ベーキングシートにクッキングシートを敷きます。

b) ボウルにプルドポークとバーベキューソースを入れてよく混ぜ合わせます。

c) ピザ生地を伸ばして薄く切ります。

d) 各ストリップをひねって、準備したベーキングシートの上に置きます。

e) プルドポーク混合物を少量ずつスプーンでそれぞれのひねりに加えます。

f) 細切りチェダーチーズと刻んだ赤玉ねぎをツイストの上に振りかけます。

g) 12〜15 分間、またはツイストが黄金色になり、フィリングに火が通るまで焼きます。温かいうちにお召し上がりください。

90.スモアツイスト

材料：

- パイ生地 1 パック
- ヌテラまたはチョコレートスプレッド 1/4 カップ
- ミニマシュマロ 1/4 カップ
- 砕いたグラハムクラッカー 大さじ 2
- 溶き卵 1 個（卵洗い用）

説明書：

a) オーブンを 200℃（400°F）に予熱し、ベーキングシートにクッキングシートを敷きます。

b) パイ生地をパッケージの指示に従って解凍します。

c) パイシートを伸ばして薄く切ります。

d) 各ストリップに沿ってヌテラまたはチョコレートの薄い層を広げます。

e) ミニマシュマロと砕いたグラハムクラッカーを各ストリップの上に振りかけます。

f) 各ストリップを軽くひねり、用意したベーキングシートの上に置きます。

g) ツイスト部分に溶き卵を刷毛で塗ると、光沢のある仕上がりになります。

h) 12〜15 分間、または膨らみきつね色になるまで焼きます。温かいうちにお召し上がりください。

91.カプレーゼツイスト

材料：

● パイ生地 1 パック
● バジルペスト 1/4 カップ
● 半分に切ったチェリートマト 1/2 カップ
● フレッシュモッツァレラパール 1/2 カップ
● 塩とコショウの味
● 霧雨用バルサミコ釉（オプション）

説明書：

a) オーブンを 200℃（400℉）に予熱し、ベーキングシートにクッキングシートを敷きます。
b) パイ生地をパッケージの指示に従って解凍します。
c) パイシートを伸ばして薄く切ります。
d) 各ストリップに沿ってバジルペストの薄い層を広げます。
e) 各ストリップにチェリートマトの半分とモッツァレラパールを置きます。
f) 塩とコショウで味を調えます。
g) 各ストリップを軽くひねり、用意したベーキングシートの上に置きます。
h) 12〜15 分間、または膨らみきつね色になるまで焼きます。
i) オプション: 提供する前に、ツイストにバルサミコ グレーズを振りかけます。温かいうちにお召し上がりください。

材料：

- パイ生地 1 パック
- リンゴ 2 個（皮をむき、芯を取り、薄くスライスする）
- 溶かしたバター 大さじ 2
- グラニュー糖 大さじ 2
- 粉末シナモン 小さじ 1
- 刻んだクルミ 1/4 カップ（お好みで）
- 打ち粉用の粉砂糖（お好みで）

説明書：

a) オーブンを 200℃（400°F）に予熱し、ベーキングシートにクッキングシートを敷きます。

b) パイ生地をパッケージの指示に従って解凍します。

c) パイシートを伸ばして薄く切ります。

d) 各ストリップに溶かしたバターを刷毛で塗ります。

e) 小さなボウルにグラニュー糖と粉シナモンを入れて混ぜます。

f) シナモンシュガー混合物をバターを塗ったストリップの上に均等に振りかけます。

g) 各ストリップにリンゴのスライスを数枚置き、必要に応じて刻んだクルミを振りかけます。

h) 各ストリップを軽くひねり、用意したベーキングシートの上に置きます。

i) 12〜15 分間、または膨らみきつね色になるまで焼きます。

j) オプション: 食べる前にツイストに粉砂糖をまぶします。温かいうちにお召し上がりください。

材料：
パイ生地1パック
スライスハム1/2カップ
シュレッドチェダーチーズ1/2カップ
溶き卵1個（卵洗い用）

説明書：
a) オーブンを200℃（400°F）に予熱し、ベーキングシートにクッキングシートを敷きます。
b) パイ生地をパッケージの指示に従って解凍します。
c) パイシートを伸ばして薄く切ります。
d) 各ストリップにハムのスライスを数枚置き、細切りチェダーチーズを振りかけます。
e) 各ストリップを軽くひねり、用意したベーキングシートの上に置きます。
f) ツイスト部分に溶き卵を刷毛で塗ると、光沢のある仕上がりになります。
g) 12〜15分間、または膨らみきつね色になるまで焼きます。温かいうちにお召し上がりください。

94.ペストチキンアルフレッドツイスト

213

材料：

● 細切りにした調理済み鶏肉 2 カップ
● バジルペスト 1/4 カップ
● アルフレッドソース 1/4 カップ
● 細切りモッツァレラチーズ 1/4 カップ
● 冷蔵ピザ生地 1 パック

説明書：

a) オーブンを 190℃（375°F）に予熱し、ベーキングシートにクッキングシートを敷きます。

b) ボウルに、細切りにした鶏肉、バジルペスト、アルフレッドソースをよく混ざるまで混ぜます。

c) ピザ生地を伸ばして薄く切ります。

d) 各ストリップをひねって、準備したベーキングシートの上に置きます。

e) それぞれのひねりに少量の鶏肉混合物をスプーンで加えます。

f) 細切りにしたモッツァレラチーズをツイストの上に振りかけます。

g) 12～15 分間、またはツイストが黄金色になり、フィリングに火が通るまで焼きます。温かいうちにお召し上がりください。

95.メープルベーコンツイスト

材料：

- パイ生地 1 パック
- メープルシロップ 1/4 カップ
- 調理したベーコンのスライス 4 枚 (砕いたもの)
- ブラウンシュガー 大さじ 2
- 挽いた黒コショウ 小さじ 1/4

説明書：

a) オーブンを 200℃ (400°F) に予熱し、ベーキングシートにクッキングシートを敷きます。

b) パイ生地をパッケージの指示に従って解凍します。

c) パイシートを伸ばして薄く切ります。

d) 各ストリップにメープルシロップを刷毛で塗ります。

e) 小さなボウルに、砕いたベーコン、ブラウンシュガー、粗挽き黒コショウを入れて混ぜます。

f) ベーコン混合物を各ストリップに均等に振りかけます。

g) 各ストリップを軽くひねり、用意したベーキングシートの上に置きます。

h) 12〜15 分間、または膨らみきつね色になるまで焼きます。温かいうちにお召し上がりください。

材料：

- パイ生地 1 パック
- サンドライトマトペスト 1/4 カップ
- カラマタオリーブのみじん切り 1/4 カップ
- 砕いたフェタチーズ 1/4 カップ
- 刻んだ新鮮なパセリ 1/4 カップ

説明書：

a) オーブンを 200℃（400°F）に予熱し、ベーキングシートにクッキングシートを敷きます。

b) パイ生地をパッケージの指示に従って解凍します。

c) パイシートを伸ばして薄く切ります。

d) 各ストリップに沿ってサンドライトマトペストの薄い層を広げます。

e) 刻んだカラマタオリーブ、砕いたフェタチーズ、刻んだ新鮮なパセリを各ストリップの上に振りかけます。

f) 各ストリップを軽くひねり、用意したベーキングシートの上に置きます。

g) 12〜15 分間、または膨らみきつね色になるまで焼きます。温かいうちにお召し上がりください。

97.ナッティキャラメルツイスト

材料：

- パイ生地 1 パック
- カラメルソース 1/4 カップ
- 刻んだナッツ（クルミやピーカンナッツなど） 1/4 カップ
- ブラウンシュガー 大さじ 2
- 挽いたシナモン 小さじ 1/2

説明書：

a) オーブンを 200℃（400°F）に予熱し、ベーキングシートにクッキングシートを敷きます。

b) パイ生地をパッケージの指示に従って解凍します。

c) パイシートを伸ばして薄く切ります。

d) 各ストリップに沿ってカラメルソースの薄い層を広げます。

e) 刻んだナッツ、ブラウンシュガー、シナモンを各ストリップに振りかけます。

f) 各ストリップを軽くひねり、用意したベーキングシートの上に置きます。

g) 12〜15 分間、または膨らみきつね色になるまで焼きます。温かいうちにお召し上がりください。

98.ラズベリークリームチーズツイスト

材料：

- パイ生地 1 パック
- ラズベリージャムまたはジャム 1/4 カップ
- クリームチーズ 4 オンス（柔らかくしたもの）
- 粉砂糖 大さじ 2
- バニラエッセンス 小さじ 1/2
- 溶き卵 1 個（卵洗い用）

説明書：

a) オーブンを 200℃（400°F）に予熱し、ベーキングシートにクッキングシートを敷きます。
b) パイ生地をパッケージの指示に従って解凍します。
c) パイシートを伸ばして薄く切ります。
d) ボウルにクリームチーズ、粉砂糖、バニラエッセンスを入れて滑らかになるまで混ぜます。
e) 各ストリップに沿ってラズベリージャムの薄い層を広げます。
f) クリームチーズ混合物を少量、ラズベリージャムの上に置きます。
g) 各ストリップを軽くひねり、用意したベーキングシートの上に置きます。
h) ツイスト部分に溶き卵を刷毛で塗ると、光沢のある仕上がりになります。
i) 12〜15 分間、または膨らみきつね色になるまで焼きます。温かいうちにお召し上がりください。

99.レモンブルーベリーツイスト

材料：
● パイ生地 1 パック
● レモンカード 1/4 カップ
● 新鮮なブルーベリー 1/4 カップ
● グラニュー糖 大さじ 1
● レモンの皮 小さじ 1

説明書：
a) オーブンを 200℃（400℉）に予熱し、ベーキングシートにクッキングシートを敷きます。
b) パイ生地をパッケージの指示に従って解凍します。
c) パイシートを伸ばして薄く切ります。
d) 各ストリップに沿ってレモンカードの薄い層を広げます。
e) レモンカードの上にブルーベリーを数個置きます。
f) 各ストリップにグラニュー糖とレモン皮を振りかけます。
g) 各ストリップを軽くひねり、用意したベーキングシートの上に置きます。
h) 12〜15 分間、または膨らみきつね色になるまで焼きます。温かいうちにお召し上がりください。

100.メープル ピーカン ツイスト

材料：

- パイ生地 1 パック
- メープルシロップ 1/4 カップ
- 刻んだピーカンナッツ 1/4 カップ
- ブラウンシュガー 大さじ 2
- 挽いたシナモン 小さじ 1/4

説明書：

a) オーブンを 200℃（400°F）に予熱し、ベーキングシートにクッキングシートを敷きます。

b) パイ生地をパッケージの指示に従って解凍します。

c) パイシートを伸ばして薄く切ります。

d) 各ストリップにメープルシロップを刷毛で塗ります。

e) 小さなボウルに、刻んだピーカンナッツ、ブラウンシュガー、粉砕したシナモンを入れて混ぜます。

f) ピーカンナッツ混合物を各ストリップに均等に振りかけます。

g) 各ストリップを軽くひねり、用意したベーキングシートの上に置きます。

h) 12～15 分間、または膨らみきつね色になるまで焼きます。温かいうちにお召し上がりください。

結論

この料理本が、おいしいブレッドスティック、プレッツェル、ひねりを加えたものを自分のキッチンで作りたいというあなたの情熱に火をつけてくれることを願っています。私たちはお気に入りのレシピ、ヒント、テクニックを皆さんと共有し、これらのおやつを実際に試して自分のものにすることができるようにしました。パーティーで大勢の人に喜ばれる前菜として提供する場合でも、居心地の良い夜に心地よい軽食を楽しむ場合でも、自家製ブレッドスティック、プレッツェル、ツイストの楽しみには限界がありません。

お菓子作りの芸術は終わりのない冒険であることを忘れないでください。限界を押し広げ、新しいフレーバーの組み合わせを探求し、これらのレシピに自分の個性を吹き込むことを恐れないでください。自分の作品を愛する人たちと共有し、パン屋仲間とストーリーやヒントを交換し、本当に特別なものを作ったという満足感を味わいましょう。

この料理本があなたにブレッドスティック、プレッツェル、ツイストの魔法を受け入れるきっかけとなり、あなたのキッチンで愛される相棒となることを心から願っています。あなたの生地が常に膨らみ、あなたのフレーバーが常に大胆で、あなたの作品が常に喜んで食べられますように。楽しいベーキングを!

Milton Keynes UK
Ingram Content Group UK Ltd.
UKHW021530101023
430299UK00014B/695